慢思考 快成交

如何成为让客户信任的理财经理

魏嵬
加菲猫看世界 著

图书在版编目（CIP）数据

慢思考，快成交：如何成为让客户信任的理财经理 / 魏岿著. -- 北京：中信出版社, 2022.11
ISBN 978-7-5217-4804-8

Ⅰ.①慢… Ⅱ.①魏… Ⅲ.①银行－金融产品－营销 Ⅳ.① F830.4

中国版本图书馆 CIP 数据核字 (2022) 第 178315 号

慢思考，快成交——如何成为让客户信任的理财经理
著者： 魏岿
出版发行：中信出版集团股份有限公司
（北京市朝阳区惠新东街甲 4 号富盛大厦 2 座 邮编 100029）
承印者： 北京诚信伟业印刷有限公司

开本：787mm×1092mm 1/16 印张：12 字数：120 千字
版次：2022 年 11 月第 1 版 印次：2022 年 11 月第 1 次印刷
书号：ISBN 978-7-5217-4804-8
定价：59.00 元

版权所有·侵权必究
如有印刷、装订问题，本公司负责调换。
服务热线：400-600-8099
投稿邮箱：author@citicpub.com

序言
那年、那猫、那些事儿

和猫兄（作者网名"加菲猫看世界"）认识多年，第一次见面是在一个聚会上，他变了一个扑克牌魔术，看得我目瞪口呆。再后来，应该是2017年下半年，我和他在北京东四十条地铁站附近的一个小饭店吃饭，听他讲业务拓展的种种困难和迷茫，我也帮不上什么大忙，只能说几句安慰但没什么用的话。但在之后的一两年，我不断听闻他在业务上的种种突破，内心既惊讶又佩服。要知道，那是基金销售市场最惨淡的时节，尤其是2018年股市不断下挫，资管新规下财富管理行业同样在收缩，他能带领一家新基金公司的零售业务取得突破，让人刮目相看。那么，他这个"魔术"是怎么变的呢？

直到一年多后的某一天，我接到了一个他的电话。"嗨，哥们儿，我过几天要在天津给××银行做一次全国性的业务培训，要不要过来听听？"我正好不忙，就欣然答应。在一个大学校园的扇形礼堂，我坐在最后一排听他讲了一个多小时的课，只能用一个词形容——精彩！他全程没有讲任何关于他们公司或者产品的内容，只是一直在高能输出自己从业多年来对财富管理的总结和理解，很多有趣的案例故事，不时引得台下的观众哄堂大笑。现在他已经成为基金公司的高管，讲课的时间可能被压缩了很多，还好有这本书的问世。

后来他告诉我，在真正推广业务之前，他这样的义务培训，为各式各样的渠道机构，从总行到分行，做了许多场。我大概明白了他的"魔术"——先为客户提供价值，再谈回报；先做人，再做事；先交朋友，再谈业务。在大部分的时间里，恐怕都是"但行好事，莫问前程"，他做到了让客户成为自己课程的学员、自己公众号的粉丝，最后的成交也是水到渠成的。他代表基金公司之于销售机构如此，销售机构的理财师之于客户，其实亦如此。互联网行业有一句话："只有当我们为用户创造了巨大的价值以后，才敢消耗那么一点点。"在财富管理行业，又何尝不是呢？

猫兄给我的另一个深刻印象是，他是一个非常善于总结和思考的人，尤其是如何用更简单的方式把所思所想表达出来，让对方听懂。我刚创业时，他来天津看过我一次（当时我们还在民房里办公），说要向我请教做财经自媒体的一些心得，我终于逮到机会对他一顿输出，他停顿片刻说："你讲的和我总结的理财师之道有些相似，那就是——有料，有心，有趣。"这一部分在这本书的第5章，你读到时也定会感到十分畅快。尤其是他说到："在客户面前，最大的套路是真诚。"这句话现在被我翻译为我们公司的3条价值观——永不套路用户，永不糊弄伙伴，永不低估自己——中的第一条。"化繁为简"是他经常挂在嘴边的话，这说起来简单，但实际考验的是用户思维。只有一切从用户能不能听懂的角度出发，金融从业者才会琢磨如何提炼自己想说的话。像这种排比式的总结梳理，这本书中还有很多，等你去发现。

严格意义上来说，这本书是写给财富管理行业从业者的，尤其是奋战在一线机构直接服务客户的小伙伴。但我想说，即便是普通投资者，也可以通过这本书对财富管理有新的认识，你会更加懂这个行业，更加懂财富管理机构，更加懂理财师，它会帮助你最终找到那个值得信任的机构和值得托付的理财师。最后，套用很火的新东方带货主播的风格：

当你目不转睛盯着K线的时候，阿拉斯加的鳕鱼正跃出水面；当你算PE、PB、ROE的时候，南太平洋的海鸥正掠过海岸；当你在焦虑加仓减仓的时候，地球的极圈正五彩斑斓；当你挤在策略会时，尼泊尔的背包客正一起端起酒杯坐在火堆旁。世界要你亲自去看，少年梦要你亲自去实现，而财富管理，你只需要一个靠谱的理财师去帮你实现！

北落的师门

韭圈儿APP创始人

前言
站在财富管理和资产管理的中间

为什么要写这本书呢？

主要是怕忘记，尤其是怕自己忘了曾经对财富管理的思考和一点儿所谓的经验。事实上，随着我在公募领域从业时间越来越长，近几年受机构邀请讲财富管理时感觉越来越生疏，许多案例都快忘了。所以，我想还是静下心来写一写吧。

本书主要分为两个部分，上半部分是对资产配置的理解，核心其实就是一句话：资产配置的起点是理解资产，在这个基础上再谈配置。下半部分是对财富管理的认知，核心也是一句话：财富管理的初心是从客户利益出发，为客户创造价值。这两句话其实简单得不能再简单了，但是面对琳琅满目的金融产品和压力很大的日常工作，面对风云变幻的市场波动和起伏不定的客户情绪，我们往往会摇摆、怀疑和迷惘。强调起点与初心，我更多地是想提醒自己，不要因为走了太远，而忘了因何出发。

我的从业经历比较简单。从公募基金到银行再到公募基金。

我曾经是这么"包装"自己的：从乙方到甲方再到乙方，从资产管理到财富管理，从产品经理到投资顾问，从私人银行到公募基金。如果非要精确一点，我应该是一直站在财富管理和资产管理的中间，一边向财富管理的终端，用化繁为简的方式"翻译"专业；一边把客户"朴素"的投资需求，转化成策略和产品向资产管理端反馈。财富管理教给我的是，如何理解客户；资产管理教给我的是，如何理解投资。两边一起教给我的是，要学会敬畏，敬畏客户的信任，敬畏市场的常识。

本书的书名"慢思考，快成交"，脱胎于我自己信奉的理念：慢，就是快。我始终认为，"行"并不难，成交有时候只需要按一下鼠标或点一下手机屏幕；难的是想明白业务的本质，构建可迭代的成长机制，突破实践中的各种关隘，提升有效的专业能力。这个"知"的过程可能很慢，甚至可能伴随着自我否定的考验与折磨，但也只有通过升维思考的"慢"，才能做到降维成交的"快"，才能达到真正的知行合一，成为让客户信任的理财经理。

这本书会有什么独特之处？

首先，可能就是上面所提到的相对贯通的、独特的视角。

其次，本书并没有面面俱到，比如在资产部分我只写了债券和股票，在大财富管理中只聊了资产管理而没有涉及保险和家族信托。严格来说，我并没有想搭建一个完整的业务框架，也没有想教别人怎么做。本书更像朋友之间的交流和分享，直白地展示了我自己遇到问题、思考问题，进而解决问题的过程。因此在书中，我既给出了我的结论，也把形成这个结论的由来都尽量讲清楚。每个人都有不同的成长背景和认知体系，对于同一件事的理解自然不尽相同。我所理解的财富管理，可能只是窥豹一斑，未必一定正确，但一定会务求真实。总之，我认为逻辑比结论更重要。

最后，本书应该不会让大家读起来无趣，一方面我尽力保留了自己的写作风格和一些"任性"的表达方式；另一方面我一直在一线干活儿，相信书中涉及的许多问题应该都是大家平时遇到、想过或者没想明白的事儿。希望它能够帮助大家捅破那最后一层窗户纸，让大家看完能够感慨一句，"原来有人跟我想的一样"。

感谢汇安基金董事长何斌先生，他对中国公募事业的热爱和为人处世的格局都对我影响颇深。感谢仇秉则、刘田、刘汝斐、李扬对本书的支持。

写这本书，我的心态变化很有意思。写之前，豪情万丈；写的时候，行云流水；写完了，战战兢兢。毕竟要见人了，总觉得好像还没准备好。不过，既然成长之路没有尽头，那就让我们一起，在发展中解决问题，在实践中持续进步。

感谢所有朋友的批评指正。

目录

第1章
资产配置的起点是资产　　1

什么是资产配置：从买基金和卖基金说起　　3
什么是资产：核心是理解"一切收益有来源"　　10
债券资产的收益来源与波动原因　　14
股票资产的收益来源与波动原因　　20
来自熊市的基金销售经验　　26

第2章
多角度理解资产配置　　37

从实务的角度看资产配置　　39
从资产属性的角度看资产配置　　42

从家庭总资产的角度看资产配置　　　　　　　　　47
从产品销售的角度看资产配置　　　　　　　　　50

第 3 章
产品销售逻辑：从资产角度出发　　　57

偏债混合基金：关键在于解决客户的线性思维　　　59
基金定投：在业务与效率中找平衡　　　　　　　　66
三年期偏股型基金：起伏不重要，"高度"才重要　　71

第 4 章
为客户创造价值：理财经理的初心　　　81

财富管理的定义　　　　　　　　　　　　　　　　83
客户对财富管理的需求及其时代背景　　　　　　　88
财富管理的核心是经营信任　　　　　　　　　　　91

第 5 章
如何赢得客户的信任　　　　　　　　　99

有料：要专业也要有边界　　　　　　　　　　　101
有心：尊重客户　　　　　　　　　　　　　　　104

有趣：拉平与客户的差距 108

第 6 章
如何获得客户   115

如何培养赞美的习惯   117
如何打开客户的话匣子   121
如何做到理解和包容   126
如何有效地说服   132
如何主导与客户的沟通   137
如何更好地表达   141

第 7 章
理财经理如何保持精进   149

明确提升的路径   151
慢，就是快   158
建立个人底层认知逻辑   163
给理财经理的 50 条经验   172

第 1 章
资产配置的起点是资产

什么是资产配置：从买基金和卖基金说起

提起资产配置，许多人总是习惯于宏大的叙事逻辑。话术、技术和艺术让人"傻傻分不清楚"，模型、数据和策略听得人"如堕五里雾中"。面对这个财富管理中最重要的概念，我们先不需要高屋建瓴，而是从日常最基本的工作——买基金和卖基金的角度出发，来讨论到底什么是资产配置。

从我个人多年的工作经验来说，买基金和卖基金遇到的所有问题，其实都可以归结成一个：基金到底能不能赚钱？许多客户觉得能，但是得靠运气，可以试试，不行就卖出。所以，从"二八法则"的角度来看，我们一直在努力解决的是，人们对财富增值的向往和人们不相信基金长期能够赚钱之间的矛盾。

当然这也不能怪客户，客户也难。我们已经知道了许多客户没在基金上赚到钱的表面原因，比如追涨杀跌、持有期短、习惯高买低卖等。我们也了解解决这些问题的方法是对客户进行投资者教育。投资者教育的方法也很简单，就是告诉客户要长期持有或者低位补仓。于是许多卖基金的话术可以总结为两条：一是，快要见底了，所以您要买；二是，依然看好，所以您得再买点儿。

但是，问题就在"长期持有"这四个字上。这是一个永远正确但很浅层的答案，这种类型的答案经不起深究。

我们可能经常听到下面的对话。

"为什么买基金要长期持有？"

"因为长期持有好，长期持有收益率高啊。"

"为什么长期持有好，长期持有收益率高呢？"

"因为，过去是这样的，不信我给您看数据。"

"但是过去有些基金我持有了很久但还是没赚钱，这是什么情况？"

"那是因为，可能您没有止盈或者止损。"

"你不是说要长期持有吗，怎么又止盈了呢？"

"呃，这个是不矛盾的。而且基金还需要挑选，并不是所有的基金都很好。"

"哦，也就是说，买基金还是得靠运气。"

"不，买基金要挑选，要长期持有，还要进行资产配置。"

"什么是资产配置？"

"就是要配置多个不同类型的产品。"

"那就还是要买基金啊。"

对话到这里，基本上理财经理和客户会一起晕了。于是有一个笑谈，初级的产品销售人员用得最多的两句话："姐，我跟你说个真事儿。"（这是卖保险的。）"哥，你信我。"（这是卖基金的。）

所以，"长期持有"并不是投资的底层逻辑，这样告诉客户怎么投资基金只是出于"大树底下好乘凉"的懒惰。为什么这么说呢？许多人在做投资者教育的时候经常"大言不惭"地说："不要追涨杀跌。"这里的问题是：第一，教育别人的人自己可以做到吗？第二，"不要追涨杀跌"这个道理大家都懂，需要你来教育吗？第三，你真的觉得有能力仅通过几句话就能让客户不追涨杀跌吗？

"别人贪婪我恐惧，别人恐惧我贪婪。"这句话很多人都知道，但知易行难，因为这是逆人性的。为什么人们会追涨杀跌？因为趋利避害才是顺人性的。真金白银买基金后，涨了，赚钱了，我们能觉得基金不好吗？大概率要继续买啊。跌了，心疼啊，基金就是个坏东西，大概率要卖。这个轮回意味着客户可能根本不知道基金是什么。在有些客户的眼中，买基金可能跟打麻将一样，输赢全靠手风，盈亏全靠运气。

也就是说，客户可能根本不知道基金是什么，基金是怎么赚钱的，基金为什么会有波动。我们可以想象一下，我们这些专业人士的路演，在客户的眼里也许跟麻将教学没什么差别，"长期投资有价值"可能会被客户理解成：经常打麻将总会熟能生巧，而理财经理似乎和电影里赌场的荷官没太大区别。"基金有风险，投资须谨慎",不就是"愿赌服输"的意思吗？

客户不知道基金是什么，理财经理就一定理解吗？理财经理就一定非常清楚基金是怎么赚钱的，客户又是怎么从基金里面赚钱吗？

遇到市场震荡和波动，遇到产品净值回撤，遇到客户责问的时候，许多理财经理都产生过困惑和疑问：我们卖基金到底有价值吗？卖基金这件事真的是对的吗？经过无数日夜的煎熬，一些人开始理解资产配置的重要性，一些人开始将答案归咎于银行或财富管理机构的 KPI（关键绩效指标）机制。如果细问为什么 KPI 机制有问题，这些理财经理会说，每天都是"卖卖卖"，所以没有办法从客户角度出发，做到行情过热的时候不卖。这个逻辑其实也有问题，因为开始择时了。

于是，理财经理的认知往往会从"基金怀疑论"变成"理财经理全能论"，即面对买基金，理财经理要有自己的判断，从时点到产品要能够为客户把握，包括买什么、什么时候买、什么时候卖。毫无疑问，这是理财经理应该追求的方向，也是初心所在，但是步子迈得过大，就容易陷入一个"怪圈"：没有理财经理，客户买基金是不是就赚不了钱？我见过一些确实厉害的理财经理会告诉客户：基金有风险，但是有我在，我可以帮你赚钱。

我不是说这种说法不对，只是具备这个能力的人太少。这也意味着，买基金赚钱是因为理财经理有价值，而不是基金有价值。这还是没有脱离"帮客户打麻将"的范畴：你自己打麻将可能有赚有亏，但是旁边有个高手给你支招，胜率就高很多了。

说到底，无论是买基金，还是打麻将，客户内心深处对于未知的恐惧依然没有消除。

我在这里想重点表达的是，我们需要打开基金这个"黑箱"，告诉客户基金投资不是类似打麻将一样的零和游戏，它有自己的收益来源和波动原因。尤其是偏股型基金，它对于家庭总资产的增长，具有极强的战略意义。理财经理的价值，是建立在资产价值基础上的。我们应该选择在正确的资产上做正确的事，这是有先后顺序的。

只有理解了这些，我们才能自信地让客户配置基金，在卖基金的过程中让客户的资产增值进而产生正循环。所以，客户买基金是有价值的，理财经理卖基金更有价值。以下是几个简单的基础认知，可以帮大家更好地理解。

第一，穿透产品理解资产属性，懂得中长期收益来源和波动的原因，才能知道我们买基金到底赚的什么钱。

第二，既然股票和债券可以作为中长期收益的来源，那么我们卖产品就是帮客户把钱合理地分配到这些资产上，然后让客户的资产增值。这是一件非常有价值的事。

第三，客户不太懂这些，也没有义务懂，有波动的时候会心慌很正常，而且资产价格有时候波动起来也确实让人难以接受。而我们卖基金就是帮客户弄懂，然后陪伴客户长期持有。此外，我们还会精选基金，做资产配置，提供各种信息和检视，这些都是我们卖基金的价值。

反过来，如果理财经理不卖基金，相当于渔夫守着大海却天天吃白米饭，牧民守着牛羊遍地的大草原却天天吃素。也不是说这样不对，但是这不是真的对你好。对你好的人，会告诉你虽然吃白米饭安全，但是只要具备水性了解风浪（风险），或者信任专业的渔民，海鲜是可以管够的；对你好的人，会告诉你虽然吃素很健康，但是其实荤素搭配更均衡；对你好的人，会不厌其烦地告诉你，资产配置多有价值。

综上，理财经理卖基金最根本的原因是资产有价值，这也是我们创造价值的起点。

我也不是一开始就明白这件事的，也是经过无数日夜的自我怀疑，进而怀疑基金到底能不能赚钱，怀疑卖基金能不能为客户创造价值之后，开始思考基金的本质是什么。或者说，穿过波动、业绩、风格、盈利、亏损等"浮云"，我们坚守卖基金这件事的起点到底在哪里。

毕竟，我们不能因为走了太远而忘记因何出发。

我们对世界的认知，源于自身的经历和成长的经验。我的理解和结论未必正确，今时今刻的认知也可能会随着时间的推移不断深化。比起简单地给出结论，我觉得把自己的学习过程写出来对大家可能更加有用，也方便大家清晰地看到结论的由来和可能迭代的方向。因此，在此分享给我莫大启发的非标产品经理的经历。

我做的第一个理财产品特别简单，其实就是把一笔表内贷款做成一款面向高净值客户的信托产品，简单来说就是用信托买贷款的收益权。这样一来，贷款企业实际的贷款人就变成了信托，而信托里面是客户的资金。

贷款的利息＝客户收益率＋相关费率

  我对这个产品印象极其深刻。我接手的时候，这个类型的产品模式已经成熟。所谓的"产品创设"就是填填表，跑跑流程。但是看着这个产品卖完最后一点额度，眼看着当日划账起息，我当时的感觉就像《黑客帝国》（*The Matrix*）的主人公尼奥看透了由数据流构成的虚拟世界。不禁让我感慨道：原来理财产品的收益是这么来的啊。

  这个感慨现在来看有点怪，不然理财产品的收益是怎么来的？银行之所以能够支付存款利息，是因为银行可以去放贷款。信托产品之所以有收益，是因为背后有人愿意支付一定的利息来借这笔钱。理由可能是补充流动性、过桥、放杠杆等，总之，理由必然符合逻辑，否则就还不了钱。这其实对任何一个信贷员都是常识，但对当时由卖基金转向做融资项目的我来说，确实是一个全新的认知，一边是销售一边是创设，一边是投资一边是融资。

  这个时候再看市面上的一些项目，瞬间通透了许多。这个时候我会觉得，超高收益必然不靠谱。如果是信贷类的项目，给客户的收益越高，意味着融资人承担的成本就越高。融资人愿意承担高成本的原因，除了迫切需要钱之外，大部分符合逻辑的原因是项目利润高于融资成本，或者企业资质一般不得不提高融资成本。那问题又来了：什么项目利润这么高？

  至此，我形成了一个根深蒂固的常识：一切收益有来源，而且这个来源要符合逻辑。

后面我做了地产项目和政信项目，它们的本质都是信贷，所以各有各的风控措施和审核逻辑。再后来我又系统学习了房地产基金，这时候才明白术业有专攻，利用房地产可以推出各种金融产品。围绕房地产这个资产，灵活地用债权、股权、股债混合等融资手段把项目做成，然后赚钱。从投资端来说，如果你是投资人，可以用各种方式和载体来赚取你能理解的回报。用债权的话，项目不是你的，收益按照约定分你一部分，你是债主。用股权的话，你就是项目的主人之一，收益多少不确定，但是有就一定会按照你的股权比例分给你，你是股东。

至此，我特别相信，专业的人，就该围绕特定的资产，做专业的事。我们不需要弄清楚每一个细节，但我们要理解每一个资产的收益来源是什么，同时需要明白可能的风险是什么。最后，判断我们要不要承担这个风险以获得这个回报，以及选择什么人帮我们来做。

什么是资产：核心是理解"一切收益有来源"

从非标信托到房地产基金，我理解了股权和债权的意义和区别。幸运的是，房地产的资产价格波动并不像股票那么大，这让我对资产的理解过程相对平缓。

那么，什么是资产？从财富管理业务层面来理解，资产是我们获取收益的东西。所谓"巧妇难为无米之炊"，资产就是米，就是刚刚被挖出来还没有被雕刻的璞玉。资产是提供收益最基本的载体，同时有清晰的收益来源。例如，我们投资房产，等于成为这个资产的主人，享有这个房子的所有权益。这个权益分为两个部分：一个是房价上涨带来的房产增值，另一个是将其出租扣掉各种费用后的租金收入，这是个相对稳定的现金流。

随着房价的上涨，我们可以选择把房子卖掉来获利。卖掉房子意味着我们不再是这个房子的主人，不再拥有这个房子的权益。同时，我们持有的资产，从房产变成了现金。这里强调一下，此时我们依然持有资产，只是资产的结构发生了变化。现金资产很安全，但是基本上不会增值。如果算上通货膨胀和机会成本，持有这一类资产时间越长，越不划算。这时会出现一个问题：既然持有现金资产这么不划算，为什么还要把相对可以增值的房产卖掉换成现金呢？

这个问题问得好。我们可以延伸一下：既然持有现金资产这么不划算，那我们为什么还要赎回基金呢？

这个问题我们后面再讨论。这里的核心问题是：我们应该怎样配置家庭总资产，而不纠结于单一资产的低买高卖？

狭义来说，我们比较熟悉的资产主要分为债权类资产、房地产和股权类资产。在此基础上，标准化的资产是股票和债券，剩下的非标准化的，是股权投资和传统非标债权融资。债权类资产的收益来源是还本付息，即我们在这类资产上赚取的核心收益是利息，同时有个前提是本金要收回。换个角度来说，投资债权类资产，相当于我把钱借给你，你最后赚多少都跟我没关系，我只要你承诺给我利息，以及归还本金。这是我们从债权类资产获利的本质。这也是我们中长期配置这类资产的根本原因。债权类资产的价格相对稳定，所以资产价格不是收益来源的重点。

房地产这个资产介于股权类资产和债权类资产之间。拥有房子的所有权，即持有房地产资产，既可以获得类似债权类资产利息的房租，又可以获得类似股权类资产价格的房价上涨回报。

最后是股权类资产，如股票。股票的收益也有两个，持有股票跟持有房子类似，一个可以获得股息红利，类似房租；另外一个获得股价上涨的回报，但是股价可比房价波动得刺激。

总结一下，债权类资产、房地产、股权类资产，它们的共性是收益来源都有两个部分："息"和"价"。区别只是着眼点不同。

债权类资产主要赚"息"，"价"基本是平的。最典型的例子是一级市场买入债券并持有到期。房地产两个收益来源都重要，房租可以获得现金流，房价带来的是房产价值，也是身价。股权类资产，本质上分红非常重要，但是大多数人还是想"炒股"，而不是"买公司"来追求长期股权价值的增长。所以，大多数人对股权类资产，如股票，更关注股价，而不是分红。但是，长期价值投资者、中长期战略投资者还是更关注分红的。或者在银行股或者金融股跌到"地板价"，基本没有下跌空间了，分红比例相对于这个股价来说已经开始比债券的票息要高了。这个时候，"息"这个部分跟债券差不多，但是万一市场上涨，"价"的这个部分比债券强太多了。所以，有些机构投资者从构建投资组合的角度，会觉得熊市的时候如果想做防御，配置银行股比减仓拿债券要划算得多。

除了上面说的三类资产，还有一种资产，只有"价"，没有"息"，获取收益只能靠买卖而不能靠持有，比如黄金、原油等。这类资产我们只能赚价差，没有"息"，所以并不具备中长期的增长逻辑。买的人越来越多，需大于供，"价"就涨；卖的人越来越多，供大于需，"价"就跌。

总之，我们只有把每一类资产属性都想清楚，收益来源都看明白，才能更好地去理解进而配置它们。

以上是从资产是否"生息"的角度出发，看每一类资产的收益来源。其实还有一个分类方法，即仅从收益来源划分。可以从以下三类收益来源来对资产分类。

- 中长期上涨的价格。
- 安全稳定的现金流。
- 价值与价格的差额。

拥有中长期上涨的价格的资产可以是好公司的股票，拥有安全稳定的现金流的资产可以是好的债券。两者兼而有之的是位置好的房地产。从价值与价格的差额获得收益指的是赚波动的钱，可以使用对冲、可转债、价值投资等待价格回归等方式。

综上所述，一切收益有来源，这是理解资产的核心。

资产有很多种，如现金、债券、股票、房地产、商品等，每一类资产都有不同的收益来源和其不可替代的重要性。但是从财富管理业务的角度，我们日常接触最多、资金容量最大、对客户资产增值贡献度最高的就是债券和股票。接下来，我们主要针对这两类资产的属性做一些讨论。

债券资产的收益来源与波动原因

债券本质上是可以进行交易的债权债务凭证。债券的背后是债务关系，事实上，债务关系是人类社会最古老的一种交易关系。债权债务关系可概括为，A 把资金借给了 B，B 承诺在一定期限内，偿还约定的利息和本金。

大多数情况下，一旦债权债务关系确立，未来 A 得到的现金流就被固定了。比如以"3 年后还本，每年单利利率为 5%"为条件，A 向 B 出借了 100 元，若 B 不赖账，A 所拥有的权利就是未来 3 年每年在约定时间可以拿到 5 元、5 元、105 元。在持有到期下，A 获得的现金流是固定的。因此与收益不确定的股票投资相比，债券投资又被称为固定收益投资。但固定收益是有条件的，那就是 B 不赖账，要遵照约定按时支付本息，以及 A 在这 3 年里一直维持和 B 的债权债务关系。

这种借贷关系最主要发生在银行，而债券投资和银行借贷最大的区别在于，借出资金的人是不确定的，B 可以在市场上公开招标寻找愿意出最低息票的投资者，而原来的债券持有人 A 也可以在债券到期前把债券，也就是未来 3 年每年获取 5 元、5 元、105 元这一现金流的权利，转让给市场中的其他参与人，即在市场中愿意和 A 达成交易，交换这组 5 元、5 元、105 元现金流的人。

在二级市场中，事情就开始变得有趣。持有人 A 不再只能等着每年到账的利息，市场所有的参与者对资金的需求会有不同，但都在猜测、估算市场上的钱有多值钱，或者说猜测和试探人们为了这组 5 元、5 元、105 元的现金流愿意在现在支付多高的代价。为了讨论方便，我们可以先假设 B 是拥有国家强制能力，必定能够履行合同约定的机构，也就是没有信用风险的机构。

解释钱有多值钱的问题比想象中要复杂，因为这涉及经济运行周期、市场参与者情绪、借贷的便利与代价、不持有债券而持有股票、房产等更高风险的机会成本等因素。在经济参与者普遍乐观、潜在投资机会和获利前景极为激动人心、金融机构和企业积极制订各种投资计划时，钱自然就会"贵"，因为和未来的获利相比，现在多付出几个点的利息去获得创业和投资所需的资金显得微不足道。通常在经济炽热的时候，各种因素会导致：原本那组 5 元、5 元、105 元现金流的吸引力下降。A 原来付出 100 元获取的这组现金流，即便以 95 元的价格在市场上卖掉，但只要把资金重新投入当时看来更有前景的项目里，便可以用更高的收益来弥补亏损，A 便以 95 元卖出这组现金流的权益，也就是这张 B 发行的债券。假设市场上另外一位参与者 C，是一位完全靠投资收益支付生活费用的人，眼看物价越来越贵，未来这组 5 元、5 元、105 元的现金流的购买力肉眼可见地下降。但这时 C 突然发现，A 竟然愿意以亏 5 元的价格——95 元卖出，C 当然开心。于是市场上就发生了一笔 B 发行的债券的交易，95 元的交易价格为近期市场的交易价格提供了一个重要的参照。

在这个例子里，B 原来可以用 5% 的收益率获取资金，在半年后市场普遍发生了 95 元价格的成交后，债券收益率便上升到 8.43%，或者说在经济上行周期时，钱变得更值钱、更贵了。未来假如 B 还要发行债券，也要以 8.43% 的票面利率才能吸引足够多的投资者。

现在假设相反的情况。在 B 发行债券半年后，因为之前房地产市场的热度快速下降，B 也没有必要继续争取银行贷款。这时物价水平开始下降，央行也降低了存贷款的指导利率。大家突然发现，债券的收益率又吸引人了，每年 5 元的利息、到期一定会拿回 100 元本金非常可靠。这时 A 会想，假如有人想要这组 5 元、5 元、105 元的现金流，至少要花 105 元才行。这样，这笔债券半年就赚了 5 元钱，划算得很。C 发现物价真是降了，如果用 105 元的价格买到这组 5 元、5 元、105 元的现金流，也能支付未来的生活费了。于是 A 和 C 达成了全价 105 元的交易，对于 C 而言，这组现金流的收益率是 3.92%。

上面的例子包含了很多债券投资的基本原理，债券市场本质上反映的是市场参与者对未来利率的猜测与预期，市场参与者根据对经济周期的判断、资金的供需、政策利率的变化、宏观调控的松紧决定对债券的买卖，债券交易的价格反映了市场参与者的一致预期，以当时看来最理性的价格将资金从供给方转移给需求方。

作为市场参与者，除非永远采用成本计价的会计方式并对每笔债券都持有到期，否则固定收益投资并不意味着固定的投资回报率。在我们买入债券后，经济周期、资金供需、宏观政策的变化都会影响债券在市场上的交易价格。

以上的讨论都是不涉及信用风险的利率产品。在中国，只要债券的发行人不是中央政府、央行或者国家政策性金融机构，都需要被视为存在信用风险的债券。在上面的例子里，对 B 发行债券的违约可能性，市场在交易过程中会做一个评估，因此收益率会在利率产品之上有一个信用风险溢价。而且信用债的发行主体毕竟众多，流动性也大大差于利率债，也存在流动性溢价。

信用债投资的前提毫无疑问需要基于信用评级和基本面分析，事实上信用分析是历史非常悠久的一项技术，核心是考察发行人的公司治理，核心竞争力，风险控制能力，独立的自由现金流创造能力与波动性，相对现金流创造能力而言的债务的总量、结构、期限。合格的信用分析应全面覆盖发行人所有可能影响还款能力的重大方面，研究所需的深度与广度都不亚于长期股票投资。

由于信用债的久期普遍较短，流动性也差于利率产品，更核心的投资方式是持有至到期，总收益在以特定收益率购入时便已决定，持有期间的收益率变化仅影响收益率实现的速率而不影响总收益。更优异的信用债投资策略是在把握大信用周期和组合流动性的前提下，相对集中地持有具备深度认知和信用安全边际的品种，持续跟踪与调整组合的投资策略。

债券投资或固定收益投资虽然不能像银行存款或保底理财产品一样提供绝对固定的收益，但拥有强大专业能力与专业操守的固定收益投资机构，依靠对经济基本面更长远、更具穿透力的预期，驾驭经济周期的大波动并获取超额收益，依靠对信用债发行主体深入的把握，避开信用违约的陷阱，获取合理稳定的超越市场平均水平的信用风险溢价补偿。固定收益投资组合能为各类投资者在超低风险的银行传统理财、高风险的股权投资中提供极具价值的投资种类，成为投资者广义投资组合中兼具流动性、收益性的基石。

以上就是债券资产的收益来源和波动原因。债券基金投资标的就是债券，理解了债券的属性，自然就可以对债券基金投资更加放心。当然，这里我们仅讨论不含股票和可转债的纯债基金。

现实中，理财经理面对债券基金的最大问题是持有者的"六根不净"，毕竟债券基金短期受到市场利率水平的影响，净值必然会有波动。而面对中低风险品种，客户往往会更心慌。如何帮助客户理解并适应这个波动？以下对话或许能给你启示。

他说：持有债券基金要怎么样才能做到"六根清净"？

我说：你知道纯债基金的收益来源吧？

他说：知道，是债券。

我说：所以你买纯债基金，就相当于你把钱交给基金经理，让他帮你把钱借出去。债务人持续还本付息，你最后赚到钱。

他说：可是为什么净值会波动？

我说：债券的收益一共两大部分：票息（还本付息），

交易（利率变化带来的资本利得）。利率波动带来债券基金短期净值的波动。

他说：那为什么涨，为什么跌？

我说：就像一辆小车，驱动这辆汽车持续不断向前的本质原因是汽油（票息），但是车轮下的这条叫利率的路并不平坦。利率下行，债券价格上涨，车速加快，净值上涨；利率上行，债券价格下跌，爬行吃力，净值震荡。但归根结底，它获利的本质还是还本付息。只要车的零件不坏（违约），汽油稳定，一定涨得回来，不用担心。最近就是利率往上波动了，所以债券价格就下跌。

他说：为什么有的跌得多，有的跌得少？

我说：组装这辆车的零件有长有短（剩余期限），最终加权起来的车身长度叫久期。体积大、车身长，久期就长，对利率反应就越敏感，于是同样是下坡，速度就更快，但是上坡或者道路不平坦的时候就"刮底盘"了。反之，体积小、车身短，久期短，对利率反应就越不敏感，下坡的时候可能没有大车快，但是上坡的时候优势就出来了。

他说：那到底是长久期好，还是短久期好？

我说：这是相对的，波动大，预期回报高；波动小，预期回报低。

他说：不考虑期限限制的话，为什么有的基金经理愿意长久期，有的基金经理愿意短久期？

我说：主要看基金经理。债券基金经理为什么更要看宏观，就是因为宏观直接影响利率，而利率又直接影响你对组合久期的判断。另外就是看基金经理的个人风格，激进一点的基金经理，就会更愿意拉长一些。

他说：对于持有纯债基金有什么建议？

我说：预期合理，"佛系"持有。

一般来说，在纯债基金波动的时候，如果债券不违约，耐心持有，等待"还本付息"会慢慢减小"利率变化"带来的短期波动的影响。在实践中，对于纯债基金净值波动的担忧，主要还是发生在持有收益还不够高的时候。所以在产品设计上，也可以考虑给开放式纯债基金加一个持有期，也就是起步必须持有的时长，比如30天短债，90天持有期中短债这样的产品，很好地解决了非专业客户和小白客户的一些焦虑。

总之，理解债券基金并不难，但重要性是排第一位的，因为净值化转型的浪潮中，债券类资产是最有容量的资产，也是净值型理财的基石。化繁为简来看，债券基金的本质是还本付息，这也是我们配置这个资产的根本原因。

股票资产的收益来源与波动原因

股票是公司所有权的凭证，股价的波动一定程度上代表了公司价值的波动。从这个定义来看，"炒股"这个词反映出部分投资者不认为公司的所有权有价值，能"炒"就行。当然，这也是一种赚钱的方法，但是这个方法不够普世，对于大部分人来说不适用。赚企业盈利增长和经济发展的钱，长期来看这个方法赚到钱的概率高得多。从另一个角度来看，就是因为股票流动性太好，所以波动放大了人的欲望，才会出现"炒股"这个概念。如果一家企业一直赚钱但是不上市，这家企业的股权价值也会增长。如果你想分享企业盈利增长只能买股权入股这家企业，这跟买股票本质上是一样的。总之，"买股票等于买公司"这个认知，有助于我们提升在股票资产上赚钱的概率。

股票资产的收益来自两方面：一是企业本身，二是证券价格。从企业本身角度，穿过股票，我们看到的是企业；穿过企业，我们看到的是企业的盈利和发展；穿过企业盈利和发展，我们看到的是这家企业在这个经济体或者在这个星球上的扩张或收缩、辉煌或死亡。从证券价格角度，穿过股价涨跌，我们看到的是博弈；穿过博弈，我们看到的是预期；穿过预期，我们看到的是时刻变化的欲望和认知。

从专业角度，对于股票资产而言，我们赚的是每股收益（EPS）和市盈率（PE）的钱。

从资产比较的角度，常见的资产可以分成两类：可生息资产和不可生息资产。股票、债券、房产属于可生息资产，黄金、期货、比特币属于不可生息资产。可生息资产的收益来源是"增长"和"零和"，但是非生息资产的收益来源只有"零和"。举个例子，要想在商品上赚钱，必须通过波动价差来进行交易，而持有的逻辑是保值而不是增值，因为商品价格并不像股票这样长期向上。所以，可生息资产常被作为资产配置的"主菜"，而非生息资产更多是以降低资产相关性，提升资产配置性价比而作为"配菜"。因此，财富增值的本质，是我们把财富通过可生息资产与增长挂上了钩。

综上，配置权益类资产，目的是中长期战胜通货膨胀，让家庭财富保值、增值。在中国，买股票基金，就是从经济增长中获利，是相信国运。

想明白收益来源，有利于我们理解配置权益类资产的必要性。那么波动的原因又是什么呢？以下利用简单的数学知识来加以说明。

我们认为，股票代表公司的价值，股价表征的是一个公司值多少钱，股价的变化表示的是一个公司价值的变化。简单来说，一个公司值多少钱，是由这个公司现在及未来能不能赚到钱，能不能给股东赚到钱决定的。

影响公司价值的因素，如图1-1所示，纵轴代表业绩，横轴代表时间，公司当个报告期的利润（当期利润）、未来几个报告期的利润（未来利润）为图1-1所标面积，两个面积之和则为公司价值，也可以理解为股价。公司价值除以当期利润就是PE估值（市盈率）。

那是什么导致了股价的波动呢？无外乎两个因素：一个是横轴（时间）的变化，另一个是纵轴（业绩）的变化。

第一种情况，若时间轴变化：（1）时间轴拉长，公司价值增长，股价上涨；（2）时间轴缩短，公司价值减少，股价下跌。如图1-2所示。

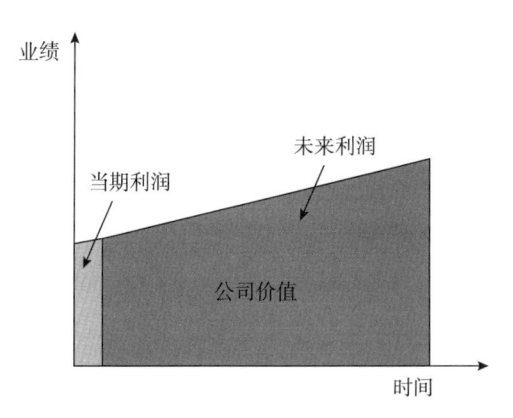

图 1-1 影响公司价值的因素示意

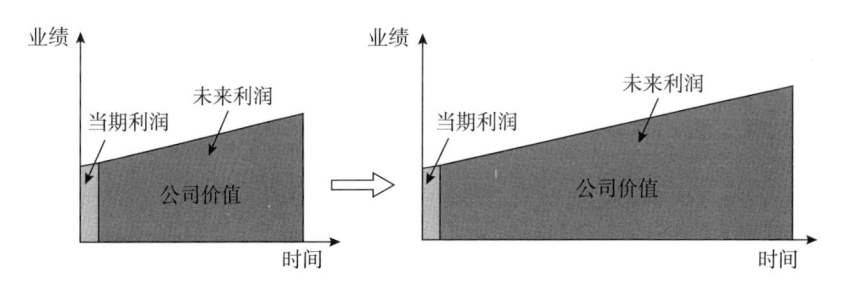

图 1-2 时间对公司价值的影响

什么因素导致时间轴拉长或者缩短呢？我们认为时间轴的变化主要源于资金层面的变化，资金流入股票市场，时间轴拉长；资金流出股票市场，时间轴缩短。资金流入，意味着比现有资金"更乐观、看得更长"的资金进入市场，愿意用更长期的视角计算公司利润，所以时间轴被拉长了；资金流出，则相反，即用相对更短期的视角计算公司利润。所以，资金系统性流入时期，市场估值提升，流出时期则相反。

第二种情况，若业绩轴变化：（1）业绩曲线上调，企业价

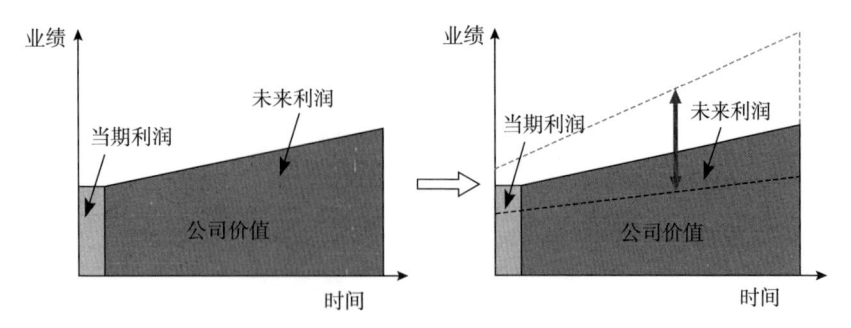

图 1-3 业绩对公司价值的影响

值增加，股价上涨；（2）业绩曲线下调，企业价值减少，股价下跌。

业绩轴的变化比较好理解，但是需要注意的是未来利润本质上是对未来业绩的预期，所以最重要的是把握业绩趋势的变化，而不是刻舟求剑般以不变应万变。

总的来说，时间轴和业绩轴是在不断变化的，所以不会有任何一种投资风格可以穿越长期的市场。任何一种投资风格都有特定的时代背景，所以不能长期拘泥于一种特定类型的资产。另外，业绩趋势的变化在大部分时间是投资的主要矛盾。市场风格会有阶段性的变化，局部时期会有估值层面的波动，但是业绩趋势的变化是核心主要矛盾。

当然，细节是基金经理该考虑的事情，我们所需要做的是，第一，理解这个横轴（时间）和纵轴（业绩）是在一个增长的经济体上，你可以想象还有一个 Z 轴（经济发展）。前文一直在说的就是为什么这个 Z 轴有价值。第二，理解基金经理是如何利用 Z 轴在横轴和纵轴上赚钱的。我们无法预知横轴什么时候拉长,但是我们可以选择基金经理帮我们去研究、挑选这些具备长期价值的企业,赚时间的钱,赚现金流折现的钱。我们同样无法预知纵轴什么时候拉长,但是我们可以选择基金经理帮我们去研究、挑选这些具备业绩爆发力、景气度高速提升的企业,赚空间的钱,赚估值提升的钱。第三,最重要的是,在横轴和纵轴所构建的二维空间里,企业的价值曲线是每天都在变化的,我们需要理解这个变化是正常的,并且告诉我们的客户,"别担心,把钱放到这个资产上,肯定是对的,至于选人这个方面,多选几只基金避免遇人不淑即可,其他的交给时间。"

为什么市场波动的时候,面对权益类产品,我们常常会恐慌?

第一,许多人并不知道自己买的到底是什么。彼得·林奇(Peter Lynch)曾在文章中写道:"每当股市大跌,我对未来忧虑之时,我就会回忆历史上发生过的40次股市大跌,来安抚自己那颗有些恐惧的心。我告诉自己,股市大跌其实是好事,让我们又有一次好机会,以很低的价格买入那些很优秀的公司股票。"但我曾经看到一条针对此观点的留言:"我是来炒股的,不是来买公司的。"可见许多人并不了解股票投资的本质。

第二,恐慌来自对未知的恐惧。很多人觉得所谓的点位,就像海平面一样,一眼望去,深不见底,倘若置身其中,很容易被淹死。但实际上,经济发展和企业盈利源源不断为这片海提供着强大的"浮力"。海平面是均衡的估值水平,往水面以下扎得越深,浮力越大。优秀的企业不但是狂风暴雨中的挪亚方舟,更是风平浪静时的航空母舰,傍着垃圾企业才会让我们"葬身海底"。

第三，恐慌来自不合理预期的"反噬"。想要飞得更高的人，自然更怕引擎熄火摔成重伤，所以对风吹草动更敏感。那么，偏股型基金回报率多少算合理呢？回顾中国股票基金总指数的历史，答案是15%~20%，纵观全球，这已经非常高了。合理预期有助于我们控制无节制的欲望，降低波动时的恐惧，因为我们内心有一个稳定的"锚"。

来自熊市的基金销售经验

2018年8月，市场在多重利空的冲击下跌破2 700点，彼时我正在参与发行自家公司的三年定期开放混合基金。低位卖基金，我们都知道是正确的，但知易行难。理财经理大都怀着极大的善意向客户推荐，奈何客户很难接受。那个时候募集2亿元三年期产品成立，真的是非常艰难的事。夜深人静之时我在想，3年以后回过头来看现在做的这些事会是怎样心境。我毫不怀疑3年以后这个产品能为客户赚到钱，毕竟历史无数次验证了"好卖不好做，好做不好卖"，大家也都知道，但是为什么每一次还是这么难呢？

突然，我想明白了。有句名言叫，"智慧总来自切肤之痛"，但是资本市场给我们的教训和疼痛，我们总是记不住，因为上涨赚钱实在太爽了。

于是我灵光一闪，立刻让设计师做了一个大红海报，上面写道：多年以后，您千万要记得，我在2 700点，让您买过基金。

这句话后来传播很广，被各种调侃，且被反复拎出来改编使用。跌的时候被调侃说，"多年以后，我在2 600点/我在2 500点……让您买过基金"。涨的时候被广泛改编使用说，"是我，是我，就是我，在2 700点让您买过基金"。其实，我想表达的是：我们需要记忆，不论是恐惧或者贪婪，我们要用身体和大脑记住这样的感觉，并把它们转化为经验或者以此提高心理承受能力。否则，我们只会在无数次的周期中，一次次经历绝望和躁动，原地踏步。

在我的工作经历中，有几个时点让我印象非常深刻。

市场经历了2011年、2012年、2013年2 000多点的横盘，2014年开始有一些回暖的迹象。2014—2015年，我深刻地感觉到了什么叫作"认知被上涨给带歪了"。2014年4季度大家还觉得涨得有点快了，但是到了2015年上半年，已经几乎没有人关注这一点，大家开始寻找理由来解释眼前的上涨，从改革的红利到"储蓄搬家"①，从并购重组到"心中的花开了"。上涨就摆在那儿，许多人"欲拒还迎"，但是让我们放下"矜持"继续买入，必须要有一个更强大也更能够说服自己的理由。

对于2015年的市场行情，我有以下几个反思。

第一，"事到极致必有妖"。许多事情发展到极致，必然会莫名其妙地出现一个看似微不足道却可以逆转一切的事件。每隔

---

① 储蓄搬家，一般指居民将储蓄存款从银行取出，转而投向相对收益较高的房产、股票等资产的行为。——编者注

几年，就会有一些意外发生，丰富我们的认知，加深我们的敬畏。通过做多小票做空大票的量化对冲"躺赚"几年后，2014年4季度突然出现了罕见的"大象起舞"，沪深300暴涨但是创业板下跌，进而使量化对冲产品产生了巨大回撤。2015年市场一路上涨之后的突然逆转都是这个逻辑。沿着这个脉络，我们会发现后来几年，从定增到并购，从保本基金到价值投资，从固收+到雪球，都是一样，我们坚信的东西突然被不知道从何而来的"黑天鹅"打破。资本市场不存在绝对，只有均衡和分散。

第二，任何时候不要自以为是。很多人在牛市里，连续几次判断市场还会涨，结果市场真的涨了，然后觉得这就是专业。其实这不是专业，而是错觉，因为市场就是在涨，仅此而已。财富管理机构的甲方们可能会对资产管理机构的管理者吹毛求疵，质问最近几天怎么没跑赢别人；资产管理机构的甲方们可能会对上市公司管理者吹毛求疵，质问最近一个季度怎么盈利这么差，催促赶紧进行并购重组、市值管理等。但我们都只是为客户管钱而已，做好是本分。别把市场的β看作自己的α，别把机构的加持看作自己的能力。

第三，择时无用。2015年5月我进行调研时问过一位基金经理："市场如果加速赶顶怎么办？"这位基金经理跟我说，"如果一根大阴线把之前的三根阳线的涨幅给包住，这就是见顶的迹象，必须要减仓。"现在的我，一定不相信这种精确的结论，因为投资本身最讲究的是"模糊的正确"。就算是蒙对了减了仓，也必然会继续蒙什么时候见底，而一次次抄底在半山腰。另外，

"黑天鹅"可从来不看K线，它总是难以预测又破坏性极强。

第四，2015年全年其实是涨的。是的，从基金的整体表现来看，如果在2014年年底买入基金坚定持有，即使到2016年熔断之后，依然能保持赢利。这意味着偏股型基金完成了它作为资产提供收益的任务。那么为什么2015年亏损的人会这么多？因为在巨大的波动之中，大家都是"倒金字塔"建仓，随着市场的上涨，逐步加高仓位。买10万元赚了钱，再买50万元。买50万元赚了钱，再买100万元。最后下跌的时候不但回吐全部收益，而且亏损严重。怎么解决呢？从一开始就坚持资产配置，从一而终，别无他法。

时间再来到2018年。经过2016年的波澜不惊，2017年的基本面行情催生了2017年4季度市场高涨。当然，A股（牛）事不过三（年）的警钟，再一次敲响。中美贸易摩擦开始了。

对于2018年的市场行情，我的反思有以下几点。

第一，很多时候悲观是市场下跌导致的。投资者的情绪真的非常有意思，市场上涨时空气中仿佛都弥漫着钞票的"芳香"，虽然真实风险越涨越大，但是个体对风险的感知越来越小；市场下跌时，市场中所有的事情仿佛都在和我们作对，看什么都是负面的，喝凉水都塞牙。我发现人一旦开始悲观，总会有意无意地寻找各种负面信息来佐证自己的观点，然后进一步把恐慌情绪放大。这本质上是"自己吓自己"，但是下跌就是会让市场的参与者都掉入这个循环，变得杯弓蛇影、噤若寒蝉，甚至引发许多对现实的不满、抱怨和质疑。而这一切又都会淹没在2019年的上涨中。我们必须要明白，悲观情绪到底是基于对事情的理解和认知，还是仅仅因为市场下跌。

第二，麻烦的不是下跌，而是涨不回来。下跌的时候，很多理财经理本能地希望基金经理减仓，一方面因为他们面对来自客户的压力太大了，另一方面他们不切实际地认为基金经理应该全知全能。这个希望的逻辑无非是，市场还会往下跌（这是悲观情绪引发的不一定正确的判断），"你就是做得差，不要找借口，先减一点仓止住下跌，我们好对客户交代，回头市场涨起来可以再加回来"。这个逻辑可以理解，然而事实情况是，客户永远不会觉得跌得少一点儿就是好的，这也不可能成为维护客户的理由。相反，2019年上半年如果涨得慢了，客户反而可回过头来责难：扛都扛过来了，怎么市场涨起来你这么不争气？因此，除非一开始就在2018年1季度减仓，否则在市场下跌已成为既定事实的情况下，再讨论减仓已经没有意义。这时候关键的问题是，基金经理千万不能迫于各种压力换策略或者调仓。绝大部分在2019年没涨起来的基金，都是因为基金经理犯了这个错误。这个时候基金经理要检视自己的持仓结构和投资理念到底有没有问题，配的资产到底好不好。如果没有问题那就扛住，否则就会被"打脸"。当然，能不能扛得住也是检验基金经理是否具备稳定的长期投资逻辑的"试金石"。这种事情在后来的几年经常发生，每次下跌都会遇到，许多基金经理也因为没扛住或者持仓没经得住短期波动的考验而慢慢淡出了人们的视线。

第三，相信国运。2018年是我对未来最迷惘的一年，中美贸易摩擦突然出现，当时有一些人对中国未来发展持不乐观态度，然而现实给予完美反击。之后我在多领域交流及对历史的研究中，发现中国具有非常强的自我进化能力。仅以最近40年为例，我国有多次不被看好的情况，但是我们都扛了过来。例如，1978年改革开放，中外差距巨大，许多人觉得悲观，但是中国自此开启了40年的腾飞；2001年中国加入世界贸易组织（WTO），许多人觉得各行各业会受到冲击，但是中国依靠勤劳和智慧，举一代人之力建立了全球最完备的产业链。都说信心比黄金更重要，但是信心绝不仅是走夜路吹口哨给自己壮胆，而应该是更深入理解我们的国家和我们所处的时代。我相信未来我们一定会不断遇到考验信心的时候，而且每一次遇到的情况可能都不一样，每一次可能都是新问题。这时候，以什么样的态度保持信心，扛住压力，就变得至关重要了。历史的车轮滚滚向前，无数的事实告诉我们：悲观者正确，乐观者成功。

第四，为什么市场下跌时基金难卖？这个问题看起来很简单，但是不经历，我们很难知道其中复杂的细节。一是，理财经理负反馈。理财经理不知道下跌时卖基金对客户有利吗？并不是，问题是，市场一路下跌，理财经理一路补仓，结果补一次仓被"埋"一次，到最后客户没钱了或者说不敢再掏钱了。此外，理财经理是客户情绪的第一稳定器，但理财经理也是人，就算内心坚定，顶得住几个客户的负面情绪，但是顶不住越来越多客户的负面情绪甚至投诉。每天都是"按下葫芦浮起瓢"，时间长了再专业的理财经理也会因被负面情绪包围而受到影响。产品销售就这样"冻"住了。理论上，偏股型基金不好卖的时候，偏债型基金总还是可以的吧？不，极端情况下，只要这个产品叫基金，就卖不动。二是，指标体系失灵。这个时候很多财富管理机构自上而下都会感到很无力，因为各种奖惩方式对于销售似乎都没用。2018 年我见到一些优秀机构的做法是：首先，多正向鼓励，调减负激励，激发一线理财经理对客户的善意，而不是给予高压去卖产品。其次，从销量考核适当转向单数考核，以小金额布局这种类似"埋种子静待花开"的方式和理念保持一线常态化的规定动作，也就是说降低难度，但是规定动作不能停。最后，主动寻找过往合作基础好、群众基础好的机构做产品发行。这个时候能有销量就是好的，所以就卖销售阻力最小的。

第五，低位时高净值客户更愿意买基金。2018 年 4 季度，在市场最悲观、基金销量最差的时候，某公司 300 万元起点"3＋2"年的专户产品火爆发行。我记得当时我也在销售一只偏股型基金，拆开一下，也是高净值客户居多，这下真的让我开眼了。原来市场任何时候都不缺钱，尤其是高净值客户。客户那时真的想明白中美关系未来的走势了吗？他们不担心创业板股权质押"爆雷"继续吗？他们已经看到去杠杆有缓和的迹象了吗？未必。其实道理很简单，就是客户还有资金而已。不是高净值客户风险偏好高，而是巨大的资金量提升了风险承受能力。许多人都知道"别人恐惧时我贪婪"，可关键问题是我们想贪婪的时候得有资金储备。可能这就是"马太效应"吧。

第六，到底什么是抄底？2018 年以后，在组织的几次高净值客户活动中，有客户向我炫耀说"2018年4季度抄了大底"，我说"哎哟，那您可发财了"，客户怏怏不乐地说，"可惜买少了，只买了十几万元"。一个身家千万的人只用不到自己1%的资产却说抄了大底，这让我突然意识到，抄底分为两种：一种是低仓位小金额买入，赚的是快乐和谈资；另一种是高仓位大金额买入，这个赚的才是钱。前者不能说不对，只是我们需要辨别清楚，不能自己欺骗自己。抄底，是许多人的执念，经常有客户问3 456点是不是低点，2 938点是不是极限之类的。问题在于，大部分纠结于精确点位的客户往往真的等到了那个点位，未必敢"下重手"。煮酒论英雄的时候，曹操是这么形容袁绍的：干大事而惜身，见小利而忘命。很多时候，我们也跟袁绍差不多。至此，再有人跟我说抄底，我一般都会先问你准备上多少仓位。为什么我坚信资产配置，就是因为这个投资方法是有容量的。务实的财富管理要避免盈利幻觉和自我安慰。我们需要明白，到底是系统性的总资产增值更重要，还是一城一地的得失、在战术上赚快感更重要。

第七，弯道超车靠熊市。熊市和下跌是最容易让人懈怠的，因为我们有太多合理的客观理由，而且逆势而为往往要付出更大的心力。但是反过来说，如果我们都顺势而为的话，那么这个世界也就不存在以弱胜强了，因为同处一个赛道，顺势而为只会让强大的更强大，弱小的更弱小。一场熊市，会弥补强弱的差距。这个时候曾经的强者，很可能会在熊市的时候，因为历史积淀和路径依赖，出现一些失误。《三体》里有句著名的话："弱小和无知不是生存的障碍，傲慢才是。"而这时往往就是弱者拉近与强者距离最好的机会。小到客户关系，大到机构规模，一次熊市拉近一些距离，两次熊市力争靠近，三次熊市完成超越。

以上两次熊市的反思，让我对卖基金有了一些新的认知。

第一，对净值的波动和回撤要有一定的容忍，不要市场一跌，基金稍微一亏就补仓。首先，熊市永远不会在一开始就告诉你我要来了，所以别着急。其次，"补仓""加仓"这两个词，会给客户太高的预期，不好控制。我们可以根据基金经理持仓结构，初步判断一下基金经理的风格和可能的极端回撤。基金经理风格相对保守，那么10%~15%的回撤，才算是一个起步；基金经理风格相对激进，那么15%~25%的回撤，才考虑补仓的动作。这样犯错的概率比较小。同时结合不同的回撤，辅以新基金或者老基金，控制好节奏和实质。

第二，任何时候，尤其是震荡或者过热上涨的时候，坚持以资产配置的方式进行偏股型基金的销售，既保护自己又保护客户。虽然在2015年4 000点的时候，我遭遇过因为给客户偏股型基金买得少而遭到投诉，但是这样的事情毕竟是少数，我们还是要坚持做一些正确的事情。同时，坚持以总资产的方式，持续给客户做检视，给客户普及总资产收益率的概念。

第三，时刻要有资产收益率的概念。股票基金中长期收益率，从历史数据来看，年化收益率为15%~20%。如果我们的盈利超过这个区间，也许是运气好，但是我们需要明白这时已经比过去资产平均收益率要高了。如果继续大幅超越，那么总有一天会莫名其妙地发生一些事情，然后出现惨烈的均值回归。这个时候我们可以根据客户的情况采用不同的方法，把收益率逐步锁定。比如大类资产的再平衡，或者开放式和三年期产品的组合搭配调整等。需要注意的是，这个动作的核心目的，是把超过资产收益率的部分落袋为安，而不是把资产收益率落袋为安，我们还是要把钱长期放在偏股型资产上进行增值。

第 2 章

多角度理解资产配置

从实务的角度看资产配置

关于资产配置,我曾经说过自认精彩的四句话:鸡蛋不要放在同一个篮子里,篮子不要放在同一个地方,不要在篮子里只放鸡蛋,也不要把东西一次性都放进去。看似很有道理,但是我们始终没有解决两个问题:资产配置是什么?它对客户有没有价值?一件事没有用,就无法形成正反馈;没有正反馈,最终就会变成一种折磨。

我们首先来探讨什么是资产配置。它的定义是,以资产类别的历史表现与投资者的风险偏好为基础,决定不同资产类别在投资组合中所占比重,从而降低投资风险,提高投资收益。这个定义是基于资产管理的角度。

资产配置对于投资经理和理财经理而言,是两件不同的事情。也可以说,资产配置对于资产管理端和财富管理端是相似但是不同的两件事。从我个人的经验和认知,资产配置对投资经理来说是投资方法，对理财经理来说是工作方法。当然，两者必然有交集，但是内容、目标、评价标准都不一样。这里不是说理财经理就不需要资产配置的投资方法，而是我们需要清楚地分辨：当说资产配置时，我们到底在说些什么？到底是面向投资、面向资产，还是面向需求、面向客户？

资产管理端面对的是投资目标是否达成。这是一个"硬"结果，注定了投资经理需要把更多的精力放在资产这一端，因为他们面对的是一个冰冷、客观的业绩比较基准，不论是相对还是绝对，他们必须给出一个投资结果。

财富管理端面对的是客户。在实际工作中，资产配置的定义包含两部分：一个是投资方法，一个是工作方法。投资方法往往有广义和狭义之分。对于理财经理而言，广义的资产配置包括保障类产品，这是按照金融产品的功能来分类的。虽然从产品底层逻辑来讲都是投资，但是产品结构和功能不同。更准确地，应该叫作财富管理方案或规划。

狭义的资产配置和资产管理有点类似。资产配置的两端，一边是资产，一边是客户，理财经理居中，把客户的资金、需求偏好通过产品的形式和一定的比例，与资产挂钩。与资产管理略有不同的是，财富管理大多数时候在资产配置中从类别向下延伸到产品，比较少延伸到个券。毕竟财富管理端需要花时间在客户需求上，这是业务的本质。

对于财富管理端，个人倾向于把资产配置理解为工作方法，因为这个定义更符合理财经理的日常工作和实务，即把资产配置按照链条，拆分成资产、产品、策略、配置、客户5个部分。理财经理需要对这5部分有充分的了解。我们可以从烹饪的角度来进行类比理解。

资产，就像各种各样的原材料或者食材，如现金、债券、权益、房产、商品、比特币等。一切可以构造财富组合的工具，都是资产；一切可以上涨、可以分红、可以波动的东西，只要能用钱衡量和买卖，都可以成为资产。我们需要知道，资产的收益来源、均衡水平的区间、波动产生的原因和彼此之间的相关性。

如果把资产比喻成食材，那么产品就是烹饪说明书。金融产品的合同本质上是一系列约束的条款，该做什么，不该做什么，放到烹饪就是可不可以加酱油，能不能加香菜等。

策略，就像每个厨师擅长的或者烹饪说明书规定的动作。同样是做茄子，湘菜厨师和徽菜厨师给出的结果可能是完全不同的，原因就是厨师各自的水平以及所采用的技法不同。

配置就像配菜，怎么组合体现的就是理财经理对客户需求和对产品两部分的深入理解。这需要我们除了懂产品，更重要的是懂人，也就是懂客户：懂得如何营销，如何维护客户关系，如何与客户沟通、保持同频，让客户信任我们。

理财经理的工作，就是通过维护这样的链条，稳定客户的情绪，从而提升客户赢利的概率，让客户更好地从资产上赚到钱。

在实际工作中，资产配置也可以作为销售方法。首先，检视客户的总资产；然后，梳理客户需求和缺口；最后，给出资产配置建议。资产配置是帮助我们与客户可以形成共识的工具，或者说是沟通框架。这也是资产配置对财富管理端最重要的价值。

对于"缺什么，补什么"的资产配置销售方法，不同的人持不同的意见，我个人非常认可。

首先，资产配置强调的是分散和全面，本质上是科学而且有价值的，有利于保护客户资产增值。先做到再做好，不要本末倒置。

其次，资产配置能够保护理财经理。推荐单一产品很容易在市场波动时被客户诟病或投诉。坚持资产配置作为产品推荐逻辑，可以一直站在总资产的角度通盘考虑，降低单一资产类别的波动压力。

最后，这个过程可复制性强、效率高，长期来看有利于达成绩效。我们永远是在客户利益、机构利益、个人利益三者之间做平衡。从这个角度说，资产配置其实是一个最优解。

综上，对于资产配置，我们最重要的是厘清定义：明白资产配置对于资产管理端意味着什么，对于财富管理端意味着什么；对于投资经理意味着什么，对于理财经理意味着什么；对于客户有什么价值，对于我们的工作有什么好处。

从资产属性的角度看资产配置

理财经理日常工作中经常遇到的资产就是股票和债券。图2-1中的3条线基本上代表了我们销售的三大类型产品——偏股基金、偏债混合基金、纯债基金的业绩走势。参照图2-1，可以非常形象地描述我们的工作。

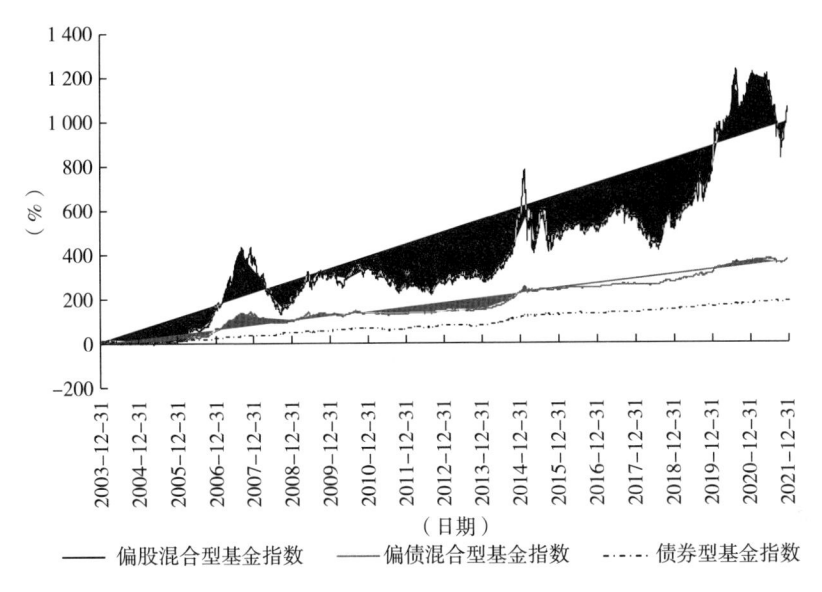

图2-1 偏股混合型基金指数、偏债混合型基金指数、债券型基金指数的走势

卖偏股基金，就是把偏股混合型基金指数走势这条线介绍给客户，或者说建议客户将资金配置到这条线代表的产品上。这条线波动有点大，但是中长期呈向上趋势，年化收益率也不错。仔细看2015年的走势，如果从年初持有不动一直到年末其实还是赚钱的。使这条线一直往上的推动力是：中国经济过去十几年的发展，在这个经济体之上的优秀企业股权价值不断增值，货币以及流动性的释放和利率的长期下行，以及基金经理专业的选股能力。如果这4个因素不发生变化，可以预计这条线的走势未来依旧震荡往上。所以，偏股型基金可以使客户的家庭财富与这条线挂钩，一起往上走，使客户分享中国经济发展的成果。

对于偏股基金，我们不能因为上涨或下跌来判断它的好坏，它有自己的价值。很多时候，客户没有理解其背后的逻辑，所以会从涨跌来判断它的价值。我们需要做的就是把这个"黑箱"打开，首先让客户明白它的价值，然后想办法提高收益率。

另外我们常说的，要坚持长期主义，做时间的朋友，实际上有一个前提：在好的、呈向上发展趋势的资产上保持长期主义。如果底层的资产有问题，那长期主义可能让我们变成时间的"狱友"，可以参考日本"失落的20年"。只有在正确的道路上谈时间价值，在好的资产上做投资，才是有意义的长期主义。

那么，如何从战术层面提高收益率呢？具体来说有以下3个方法。

第一，基金定投。以分批的方式投资，摊薄成本，降低波动带来的风险，甚至利用波动。

第二，持有3年及以上。偏股基金确实有波动，但收益走势长期来看是向上的。为了防止波动影响我们做出错误决策，可以通过封闭，拉长持有周期，把上涨给"框住"。

第三，资产配置。根据客户的风险偏好，把客户的资金以一定的比例合理分配与偏股混合型基金指数走势曲线、债券型基金指数走势曲线挂钩，并根据市场环境进行动态调整。这里简化一下，把可配置资产限定在股票和债券。资产配置就是在这两条线之间，以1/9、2/8、3/7、4/6、5/5等比例，在权益和固收或类固收之间做搭配的过程。

关于偏股混合型基金指数走势曲线，最后一个比较重要的问题是年化收益率水平，换个专业的表述是，中国偏股基金这个资产的平均算数收益率水平。从统计的数据来看,掐头去尾约为15%。当然这只是一个均值水平,有些基金经理可能获得更高的收益率,但 15% 是一个有理有据的"锚"。如果我们不能保证频繁申赎获得的收益率可以达到 15%,那不如选择持有不动,来获取资产本身的收益率的水平。

我们再来看债券型基金指数走势曲线。除了"踩雷"的情况,债券型基金指数能够看起来"笔直"上涨的原因是四个字:还本付息。利率的变化确实能够影响短期的波动,但是债券的本质不会发生任何改变,所以只要不"踩雷",债券型基金因为利率变化导致的回撤终究会涨回来,而且时间拉得越长越会回归均值。这里强调一下,不只是涨回来,而且是修复这类资产的平均收益率水平。

债券型基金指数上发生的事情,远远比偏股混合型基金指数来得更加精彩。2013 年左右的定开债,2016 年年末的回撤,最终无一例外都收复了平均收益率,但是过程极其惨烈。许多人对着债券基金发出类似陈佩斯老师的怒吼:"怎么你这浓眉大眼的家伙也叛变革命了?"

无可否认,债券基金最大的价值是为我们提供了一个收益率说得过去,长期波动却不是很大的资产。无可否认它也有很多"踩雷"的情况,但是它的长期价值依然不可或缺。有人曾经发生过应激反应,在偏股基金上受了伤,然后狠狠地说,"这辈子再也不碰偏股基金了,还是债券基金好,至少稳定,不用操心。"这话说得是没错的。说实话如果一辈子坚守债券,未尝不可。虽然未必一定能长期跑赢通胀，但是一较长短总还是可以的。怕的是不够坚定，做不到一辈子不碰偏股基金。偏股基金虎落平阳之时，我们可能会庆幸还好没有与之为伍；但是当偏股基金一天就可以赚5%，而偏债基金一年才赚5%的时候，往往发誓一辈子不碰偏股基金的人又会心态失衡，心想，要不再试试？赚一点就撤，就赚一点。如果是这样，干吗左右摇摆？从一开始就搞清楚然后做资产配置不就完了，哪怕是1∶9呢。

另外，对于债券型基金指数这条线，每一年的回溯统计其实都不太一样。数据截至2019年年底，这个算数平均收益率还是超过年化5%的，时间拉得越长，收益率反而逐步下降。当然，仅就性价比而言，显然偏债混合型基金指数这条线的重要性就出来了。它代表的是偏债混合基金，这条线可以近似地看成是这几年的新瓶老酒——固收+。

这条线的走势给人一种感觉是，踩着债然后沾了一点股的光，所以波动远小于股，但收益率高于债，取得了一个比较好的性价比。我对偏债混合型基金指数这条线的总结是，让客户直面一定的小波动但是没有中间商赚差价。

我们一句一句来解析这句话。直面波动指的是偏债混合基金因为有一定的股票仓位，所以必然会有一定的净值起伏。小波动指的是，因为股票仓位是有上限的，大部分仓位还是债，所以有波动但是不会太大。没有中间商赚差价指的是这类产品没有额外费用，忍受一点波动带来的好处是可以得到全部收益。

偏债混合基金最大的问题是，净值型产品阶段性回撤会带来一段时间"不涨"或者"没赚多少",跟许多客户脑海中的"线性思维"相冲突,所以带来了一系列的问题,这个我们后面会继续讨论。

得益于2020—2021这两年权益市场的火爆,偏债混合型基金指数的平均收益率被拉高到了9%左右。即使截至2019年年底,年化收益率也能达到8%左右,收益水平还是很好的。

总的来说,讲资产配置太学术,化繁为简对着这3条线,就清晰许多了。我们可以自己利用偏股基金和偏债基金做好配置,也可以干脆把这个工作交给基金经理把全部资产都配到偏债混合基金上被动地完成资产配置。而我们需要明白的是,图中的这3条线,是什么,为什么,值不值得。

从家庭总资产的角度看资产配置

从家庭总资产的角度看资产配置,我们会发现两个问题:第一,很多人似乎对股票资产避之不及,但其实很多时候我们是绕不开的。只是我们不知道而已,因为许多金融产品的底层资产都有股票。第二,一只基金的涨跌其实并不重要,因为中长期决定家庭总资产增值的永远是资产配置的比例,而不是某一个大类资产中某一个产品的好坏。因此,基金赚钱的多少,到底是单只基金的幻觉,还是总资产增值的实惠,这个问题,我们要做到心里有数。

对大部分人来说,家庭总资产的构成包括两部分:一是劳务收入，或者叫工资收入；二是资产收入。现在有个流行的说法"睡后收入"，即睡觉的时候也能有的收入，或者说"不劳而获"的收入，主要就是指资产收入。资产收入主要也分为两部分：一是房产，二是理财产品。严格来说，房产的收入来自两方面：一是房价上涨带来的房产增值，二是房产的租金收入。理财产品，从底层资产来看，在资管新规之后，主要也分为两部分：股票、债券，区别只在于结构、比例、条款等。如图2-2所示。

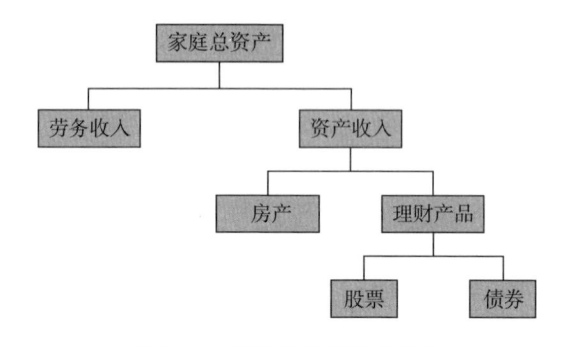

图2-2 家庭总资产构成示意

为什么财富管理在如今这个时代越来越重要？

我曾经的一个私行客户的女儿大学刚毕业一年多，每个月的工资收入6 000多元，但是她名下有一套800多万元的房产，银行卡上还有1 000多万元的资金。假设这1 000万元买一个年化收益率4%的理财产品，一年收入可达40万元，相当于一个月"躺赚"3.3万元。这是个特例，但也说明把钱管好非常重要。

40年前，大家基本上都没有家庭总资产。随着改革开放和经济发展，我们慢慢积累了一些家庭总资产。没有家庭总资产，或家庭总资产很少的时候，我们很少关注资产收入。但是一旦积累了一些家庭总资产，资产的结构就变得非常重要了。劳务收入多一些？房产多一些？还是理财产品多一些？最起码，不能让资金闲置。仍以上文的案例举例，这1000万元的资金稍微一闲置，就等于少赚钱，而且还少赚不少。另外，如果客户的女儿多学习一些财富管理知识或者有一个好的理财经理帮助，同时能够适当承受一定的波动，将每年的投资收益率提升至6%，那么每年收入就多出20万元。如果做好资产配置，以3年或者更长时间做规划，很有可能将收益率提升至8%~10%，那么每年收入就可达80万~100万元。注意，这是税后收入，因为一些资管产品，如公募基金，是暂不收个人所得税的。

有人可能会说上例涉及资金量较大，不具备可比性，我们可以把1 000万元变成100万元算一下，对许多家庭而言，这依然不是个小数目。而且，当家庭总资产规模越大，我们的财富管理需求就越大。图2-2只简单地包含了投资，其实还应该有保障、税务筹划和养老规划等。

这时我们再聚焦资产配置，回答本节开篇的两个问题。

首先，股票和债券这两个资产，我们是绕不开的。所以，主动面对，加深了解，更有助于提升收益率。理解资产属性及其收益率并不难，对客户而言，只需把逻辑框架搞清楚，其他事情可以交给理财经理和基金经理，省心省力。

其次，某一只基金的涨跌，或者某个资产某一个阶段的波动真的不重要。我们不用特别焦虑，因为长期来看，我们的家庭总资产在理财产品这个维度增值的本质，是股票和债券这两个资产的收益率提升。

我们的劳务收入是所就职的公司赚钱后发给我们的工资和奖金。但还有很多比我们就职的公司更好的公司，我们不一定要去这些公司工作获得劳务收入，但可以通过买入这些公司股票的方式，成为这些公司的股东，分享它们成长所带来的收益和回报。

在竞争越来越激烈的大环境下，提升劳务收入越来越难了，而且收入越高需要缴纳的税也变高。且在"房住不炒"的背景下，房产的增值速度也已经放缓。所以把资产配置在股票和债券资产上，变得越来越重要，性价比也越来越高。

从产品销售的角度看资产配置

一次受邀讲座中，一位理财经理问了我一个很有意思的问题：我们每天都在给客户做资产配置，但似乎就是在销售产品，那么我们究竟是打着资产配置的幌子销售产品，还是在给客户做资产配置时顺道销售产品？这个问题实际上是许多理财经理的困惑。这个问题首先反映出许多人不认可销售产品这件事。

毫无疑问，销售创造价值，尤其是销售金融产品。简单来说，把复杂的金融产品讲明白，销售给合适的客户，最终让客户赚钱，这是多有意义的一件事啊！从客户端来看，购买实物产品是"消费"，花出去的钱就像泼出去的水；而购买金融产品是

"投资"，钱还是自己的，这是本质的区别。举个更简单的例子，衣食住行吃喝玩乐这些消费都是要花钱的，但是买消费类基金不是花钱而是投资，某种意义上，买消费类基金相当于把花掉的钱再赚回来。

而且如前文所述，销售金融产品是让客户把资金放在长期向上的资产上，同样意义重大。不能因为可能承担波动而忽略了销售金融产品的价值。当然不能否认，销售金融产品就是让客户开始跟投资风险打交道，于是资产配置的重要性就应运而生了。

为理解资产配置和销售产品的关系，我们采用倒推的方法，从售后、售中，到售前，一步一步展开讨论。

售后

售后最大的问题是处理投诉。我经常被邀请去讲怎么做售后，怎么安抚客户，怎么处理投诉，尤其是市场下跌时。实际上我的认知是：只要售前、售中做好资产配置，售后就是定期给客户"打鸡血"。

一位非常知名的理财经理曾言简意赅地告诉了我三点：第一，大部分投诉都是因为理财经理没把产品讲清楚，卖给了不合适的客户。第二，遇到投诉的多少与从业年限大概率成反比，年轻的理财经理相对更容易在压力下做出错误决策。第三，投诉说明客户没有得到应有的安慰。如果面对客户的抱怨，理财经理慌了手脚，不但无法安抚客户，还可能"火上浇油"。

当然，大多数理财经理都是从战战兢兢、手足无措的状态走过来的。但经历过才更懂得资产配置是必然的选择。按照资产配置的方法，风险资产是有规划和比例限制的，而且也是跟客户提前沟通过的。那么，我们就可以站在总资产的角度，在极端情况出现的时候，把风险资产的浮亏放到总资产来看，给客户算总账，缓解客户的焦虑。同时，在应对措施方面，也比"让被阶段性套住的客户坚持长期主义"多了一个"在客户接受的范围内调整大类资产比例，适当增加风险资产权重"的办法。

综上，坚持以资产配置的方式销售产品，是未雨绸缪，把售后前置。

售中

资产配置在销售中的作用，是用金融产品为客户搭建一个可持续增值的复利结构。没有一个金融产品是完美的，所有的收益都来自对风险的承担。金融的三性——风险性、收益性、流动性，想要达到统一，必须要借助多资产、多产品。道理虽简单但关键问题是，我们要怎么做？

我访谈过很多优秀的理财经理，大家可能有不同的话术或营销工具，但基本逻辑类似。首先，提供一个比例结构；然后，清晰地告诉客户：低风险低回报，高风险高回报，哪些产品是中低风险的，哪些产品是中高风险的，中低风险的产品有哪几种类型，中高风险的产品有哪几种类型；最后，根据客户的风险偏好，做好搭配和分散。其中最关键的细节有三个：比例结构、产品介绍、分散配置。

比例结构,指的是根据客户的风险偏好,给出一个大体的配置比例,然后一边沟通,一边调整。常见初始比例是2/8和3/7。这两个比例下的预期回报率大都可以达到4%～8%,比较符合客户的预期。在此基础上继续做两件事:首先沟通期限,风险类资产尽量使用短期用不到的钱;其次深入KYC(了解客户),多聊多问,根据客户的认知配置产品,根据客户实际的需求配置比例。

产品介绍,一般要说明五点:第一,产品的收益来源;第二,持有产品或资产在经过一定的时间之后,历史上可能的收益;第三,正常的回撤情况;第四,少见但可能发生的极端回撤情况及原因;第五,发生极端情况时,历史上是怎么回来的、多长时间、如何应对。这五点全面解析了产品的来龙去脉,相当于给了客户一个剧本,而产品就像演员。一般情况下,演员会按照剧本演出,但是也不能排除极端情况下演员即兴发挥。若带来的是惊喜还好,毕竟是赚钱的;若带来的是惊吓,那必须提前把各种可能性都考虑到,确保这部戏最终能顺利"杀青"。

分散配置,指的是产品介绍完成后,为了规避单一产品可能的风险集中,我们需要进一步在同类型产品中做分散。偏股类产品可以拆成成长型和价值型,类固收产品外延会多一些。除了资管类固收产品,还有理财产品和保险产品。它们的底层逻辑虽然都是债权,但还是有一些差异。比如,相对于资管类固收产品,理财产品和保险产品还能配置如非标、基础设施建设、REITs等长期限的产品。这三种类固收产品,共同构成了客户家庭总资产的中流砥柱。保险时间最长，但给付相对确定。理财拥有部分非标和一定期限错配的优势，产品结构以封闭式居多。资管类固收产品投资范围最窄，以公募为例，投向、比例、限制一清二楚，但是投资体系成熟，激励机制最优，产品结构以开放式居多，相对更灵活。

综上，在销售过程中坚持资产配置，对客户来说，更科学，也更负责。

售前

从理财经理的角度，在售前，资产配置是我们和客户沟通的框架。客户需要认可这个框架，双方才能站在同一维度，对接下来要做的事达成一致。同时也需要使客户明白，未来双方沟通都建立在这个框架的基础上，任何决策都不是随机的。同时也要明白，资产配置是服务，销售产品是服务的自然结果，但是没有销售产品的资产配置，根本谈不上服务。

在售前坚持资产配置，对于刚入行的和经验丰富的理财经理的作用不同。对于刚入行的理财经理而言，资产配置是一种规范、一个操作指南，降低了犯错的可能性，同时解决了专业能力不足的问题。对于经验丰富的理财经理而言，在售前坚持资产配置则是借助标准的方法，避免个人的主观偏见和路径依赖。很多资深理财经理可能遇到这样的情况，一个认识很久的稳健型客户与你聊着聊着，突然吃惊地问："你们也卖偏股型基金？"

如果说刚入行的理财经理容易出现的问题是不懂，那么经验丰富的理财经理最容易犯的错误就是不察。千万别过于自信，觉得自己非常了解客户，也许你的认知都是错觉，也许不经意间客户已经发生了改变。也千万别给客户贴标签，看到客户买了百万元的存单就觉得客户很保守，也许只是客户认为你只讲得清楚存单，而在其他机构买了更多风险类产品。这时候，我们需要借助一些工具帮助我们跳出路径依赖的深井，而资产配置正是这样的工具。

我们再从客户的角度来分析。根据客户是否接受资产配置的理念，我们可以把客户分为三种。第一种是，客户在我们这儿的资金完全按照资产配置的方式来做。第二种是，客户自己做好资产配置的顶层设计，把一部分资金放在我们这儿。这反映出客户相信资产配置但是不相信我们。第三种情况是，客户不相信资产配置，理由可能包括资产配置带来的收益率不高，资产配置用处不大，该跌还是跌，等等。所以，除了长期向客户普及资产配置的理念，还要建议客户多加实践，亲身感受。

综上，从产品销售的角度看资产配置，归根结底，销售金融产品能够为客户创造价值，而采用资产配置的方式与客户沟通效率最高。

第 3 章

产品销售逻辑：
从资产角度出发

偏债混合基金：关键在于解决客户的线性思维

这几年兴起的固收+其实并不是一个新的概念，传统的20%权益上限的二级债基本质上就属于这一类产品。但是二级债基毕竟是债券基金，不能打新，于是就出现了30%和40%权益上限的偏债混合基金。它们的特点都是，以债券打底，以股票增厚。

多年以来，以二级债基为代表的同类型产品都如同鸡肋，"食之无肉，弃之有味"，波动比纯债基金大，收益又比偏股型基金少得多。也就是说，既无法提供与纯债基金类似的安全感，更无法带来偏股型基金波动给的刺激。然而，时代的车轮滚滚而来，在去杠杆和资管新规的大潮之下，净值化几乎成为唯一的方向。一边是如同巨浪一般的理财需求，一边是急剧压缩的传统固定收益理财产品，含权益的偏债类产品突然被时代选中，还未来得及粉墨就被推上了舞台。于是二级债基和低混这种被冷落多年的产品，突然又成了香饽饽。

在我的眼里，它们是非常适合老百姓的，省时省力，风险收益比相对较高。以下从产品、策略和营销的角度，以偏债混合基金为例来聊一聊我所理解的含权益的偏债类产品。

从以往经验来看，偏债混合基金的收益来源主要是信用债、可转债和股票。当然，其中也有一些其他策略，比如利率债做波段、打新、利率债+股票等，但是从策略容量和抓大放小的角度，偏债混合基金的本质还是以纯债（利率和信用）打底，以风险资产（可转债和股票）增厚。

明确收益来源之后，就可以看出影响收益和回撤最大的就是平均仓位了。偏债混合基金权益仓位可选空间是0~40%，所以基金经理锚定的平均仓位不同，带来的结果是完全不同的。打个比方，若平均仓位是油门，不同的目的决定了产品的油门要挂在几挡。一般来说，油门挂的挡位高，车速快但是也颠簸得更厉害；油门挂的挡位低，车开得更平稳但是车速可能就没那么快了。

目前来看主要有两种选择：一种是风险资产（可转债和股票）中枢在10%~15%。这种选择明显是奔着低回撤去的，目的是打造类似于净值理财的持有体验。这种选择的回撤相对较小，但是如果要使收益不落下风，大概率是靠打新和可转债的增厚，补上了股票仓位没有太顶上去可能造成的收益损失。另外，这个低仓位的选择天然在同类偏债混合基金里是吃亏的，毕竟从过去来看股票资产长期是往上的，所以这种仓位选择需要资产管理机构适度调整考核机制,给基金经理"松绑"。另一种是风险资产中枢在20%~30%。这种选择最难的是控制回撤,所以拼的是对股票的投资能力。要想做得好,要么是持股分散且选股选得好,要么是持仓比较灵活,基金经理比较勤奋,愿意把握一些小的机会。

两种风格是基金经理根据自身的偏好、禀赋和策略做出的选择,有各自的空间和客群偏好,也都有做得优秀的产品。这一端的核心在于基金经理要言行一致,形成统一的风格,最终建立品牌。否则,即使做得好,也会泯然众人矣,更何况还可能有业绩波动的时候。

财富管理这一端,了解偏债混合基金的仓位选择和投资风格更加重要,这直接决定了理财经理如何根据产品属性来选择客户,或者选择以怎样的方式与客户沟通及沟通的尺度。

还有一个是期限和盈利的问题。以一年期偏债混合基金为例,假设纯债的部分一年贡献3%的收益,以20%的股票仓位来毛算的话,整体要亏15%才能把这一年纯债部分的收益全部"吃"光。这里说的是基本逻辑,如果非要仔细算,考虑的就太多了,包括股票的建仓时间和换手、债券的杠杆使用、流动性的要求等。这里主要想说明的是:不论是从基本逻辑还是从真实业绩看,一年期偏债混合基金收益为正的概率是非常高的。

当然,客户买偏债混合基金肯定不是为了只取得一个正收益。如果我们把持有时间拉长到2年,那么假设纯债部分可以贡献6%~7%的收益,以20%的股票仓位来计算,假设基金经理2

年能赚20%，2年下来也能为组合贡献4%的收益，合起来收益也有10%~11%，以2年维度算年化收益率也能超过5%。这里说的也是基本逻辑。所以我们通常会建议：以至少2年为期限去持有一只偏债混合基金，不要管这个产品是开放的，还是6个月、1年或者2年的持有期，以增加超越传统理财收益的概率。

影响偏债混合基金收益的核心在于股票投资这一端，在一个长期往上的资产上拉长持有期是提升胜率以及获取高回报的有效办法。对于偏债混合基金而言更是这样，因为底层还有债的收益在随着时间的推移源源不断地计入。以上的讨论更多是站在宏观层面和资产收益率的角度看待偏债混合基金，暂时忽略了微观层面基金经理的个人能力。有人说基金经理之间差距还是蛮大的，这个我承认，但是纳入考虑因素太多，就不详细展开了。有个办法，就是买5只以上的偏债混合基金一起算收益率，基本上就能回到资产平均收益率水平了。

最后，我们聊一下偏债混合基金的营销和售后维护。

事实上，偏债混合基金的销售是最容易出问题的。能买偏股型产品的客户大都知道这个东西有风险，大部分人潜意识愿意为自己对高收益的渴望买单，换句话说，客群风险偏好清晰。偏债混合基金的客群最微妙的地方就在于其预期并不高，而且始终被线性思维（多长时间就要有多少回报）影响。

净值化产品销售最大的敌人就是客户的线性思维。

坦率地说，对于客户而言，这个要求并不过分。但是短期内，我们手上的投资工具未必一定听我们的话。如图2-1所示，长期来看，偏股混合型基金指数走势曲线和债券型基金指数走势曲线是线性的吗？后者很容易回答，前者有点"纠结"，但是长期来看因为经济发展和企业发展是线性的，虽然有估值的扰动，但是前者拉长来看还是线性的，进而偏债混合型基金指数走势曲线长期自然也是线性的。但是矛盾出现了，客户要求的是短期线性，而我们能做到的是长期线性。

所以偏债混合基金在营销和售后遇到的最大的问题并不是给客户亏钱，而是因"一段时间不涨"而没达到客户的预期。

怎么解决呢？有两个办法，一个治标，一个治本。

治标的办法我称之为"提前剧透"。既然"一段时间不涨"未来可能成为问题，那我们在销售这个产品之前，就提前告诉客户，他们以后大概率会因为这个产品的净值一段时间没涨或者略有浮亏来找我们询问原因。这个情况出现的时候，客户不用过于紧张，因为很正常。剧透完，再跟客户讲道理，说明为什么会出现这种情况，为什么不用怕。这个方法能不能用于偏股型基金的销售呢？这个有点难。偏债混合基金有债垫着，回撤不大，可以大概预测后面的"剧情"。偏股型基金没办法剧透，因为每一年的情况都不一样，唯一一样的就是拉长持有期，做时间的朋友了。

治本的办法是改变客户的线性思维，并在这个过程中及时把握机会让客户理解并适应波动。改变客户线性思维的方式是分散分批，包括在基金经理维度、产品形态和期限维度进行分散，以及在时间维度上进行分批。基金经理维度分散目的是防止单一产品"遇人不淑"不好跟客户解释，所以就多买几个基金经理的产品。产品形态指的是开放式和封闭式都要配置，6个月、1年、18个月、2年都配置一些，最终的目的是让客户理解产品形态并不重要，关键还是拉长持有期限来获得收益，从而淡化客户对6个月、12个月这种有一定时限暗示的时间的关注度。只要心中有海，哪里都是马尔代夫；只要心中有债，所有的产品期限都是多余。最后是分批买入，比如每个季度买1只，好像定投一样，如此一来即使市场波动，也总会遇到好的起点。这样做是为了大概率、大样本取得一个好的结果，但这不是最终目的。我们需要让客户在一个舒服的结果中理解偏债混合基金获得收益的原理，适应不太大的波动和阶段性的回撤，认可这个类型，最后不再纠结短期的线性，而是想买的时候就买，把它作为一个常态化的理财工具。

给客户讲道理也需要选择比较好的时点。比如，当一只一年期偏债混合基金在第9、第10个月净值达到1.04或1.05的时候，这时客户要赎回还得几个月，股票部分再跌整体净值也不会跌太多，我们要及时把客户"摇醒"，我特别用了"摇醒"这个词。

带持有期的偏债混合基金业绩没做好很麻烦，业绩做得好其实也有问题，就是客户可能"无感"。1年过去，五六个点的收益到手，仿佛一切都是应该的。客户对于产品的认知和投资的理解没有随着时间的推移而得到提升，对波动的容忍程度也没变，时间就白白浪费了。所以，我们要"摇醒"客户，告诉客户：

"赚钱啦！"客户可能会一脸懵懂，问道："这也没赚多少啊，你至于吗？""当然至于啊，您是在偏债混合基金上赚的钱，经过了净值的起伏和波动，最终获得了非常不错而且远超传统理财的收益。"客户可能继续一脸懵懂地问道："我怎么没感觉到有什么波动呢？这净值涨跌幅度也不大啊？""不不不，那是因为您能容忍波动，理解波动，很多客户还追逐传统理财产品，您比他们步子迈得大多了。"客户可能点点头，说道："但是好像也没你这么大惊小怪的。""不不不，那是因为您对投资的理解更深了，所以淡定了。这一关如果通了，您以后投资整体的收益率都能有很大的提升。我帮您复盘一下，给您讲讲过去这3个季度都发生了什么，为什么会涨、为什么会跌……"

以上的过程可能有戏谑的成分，但这就是最实际的投资者教育，在合适的时候，提升客户的认知，最终让客户理解、忍受偏债混合基金并不算太大的波动，改变短期的线性思维。

这么做有价值吗？当然有，因为偏债混合型基金指数走势曲线拉长来看平均收益非常好。不可否认，这主要得益于中国的权益资产长期收益率不错，但是偏债混合基金在股票资产下跌的时候净值扛得住，在股票资产上涨的时候又可以跟得上类固收端增厚收益的特性，如果客户愿意把资金长期配置在它上面，将是一种性价比很高的投资方式。我甚至有过极端的想法，客户如果无暇或者不愿意配置偏股型基金，那么用所有资金买入5~10只风格有差异的偏债混合基金，把股债配置完全交给基金经理，也未必不是一个好的选择。

有意思的是，就在写作本书时，没预料到市场发生了变化。2022 年一季度股票市场的轮番下跌，还是把过去积累了一年的回报跌没了，偏债混合基金刚刚起步没多久，就摔了个大跟头。极端情况的出现，穿透了之前所有的逻辑和预案，也许这就是资本市场的真实和魅力吧。这是不是意味着这一节对偏债混合基金的讨论没有意义呢？我想还是留给读者自己验证吧。我也在学习也在经历，我的经验和思考也是基于历史和过去，而每一个崭新的现在，都会成为给予我们养分的历史。

基金定投：在业务与效率中找平衡

基金定投是所有财富管理从业人员最熟悉的业务之一。

关于基金定投，先给出我的结论：第一，从业务推动的角度来说，基金定投有利于与客户建立联系和提高客户黏性。第二，从资产配置和投资结果的角度来说，基金定投效率不高。第三，基金定投是做投资者教育非常好的方式，是一个互动的过程而不是最终的目的。

从业务推动角度来说，基金定投有利于与客户建立联系和提高客户黏性，毕竟净值有波动。同时一旦业务量和基数变大，基金销售就不再是一件困难的事情。

以下我们重点讨论一下基金定投可能存在的问题，以及如何让定投这个业务做起来更有性价比。

首先，是"微笑曲线"。微笑曲线很容易让客户理解什么是逢低买入、摊薄成本,然后反弹赢利。但是这里隐含了一个前提,就是微笑曲线本身。事实上,微笑曲线本质上是一个循环论证:首先,我们假定存在这样一条先跌后涨的微笑曲线,而不考虑为什么会这样;然后,在此基础上论证说明,在这条先跌后涨的曲线上做定投,可以赚钱。

诚然,微笑曲线能够说明在震荡中获利的过程。但是,更重要的是,为什么这条曲线可以中长期向上,这就又回到资产收益的问题了。所以,我更倾向于用"耐克曲线"来解析基金定投,方便一次性说明两个问题:一个是为什么我们投资的资产其收益曲线会往上,另一个是为什么在这上面分批投资会赚钱。这个逻辑我在大小场合讲了很多年,许多机构已经开始意识到这个问题,于是最近几年行业内的微笑曲线慢慢开始不再保持水平,而是微微斜向右上。

其次,是收益来源的问题。基金定投到底赚的是资产收益的钱,还是波动的钱?一种说法是两者都赚。短期来看没问题,因为在波动中有纪律地分批投资,确实平滑了建仓成本。随着时间的拉长,慢慢就出现一个所谓"钝化"的问题,即随着期数的增加,新一笔定投的资金,对之前总投入的摊薄效应越来越弱,越往后越起不到平滑的作用。

举个例子,每月定投 1 万元,前几次定投,摊薄效应非常强。比如,第一笔 1 万元在净值 1.00 时买入,第二笔 1 万元在净值 0.50 时买入,总成本的净值就由 1.00,降到了 0.75 [(10 000×0.50+10 000×1.00)/20 000]。但是,到了第 20 次的时候，本金投入 20 万元，第 21 笔的 1 万元，对之前已经买入的 20 万元的影响甚微。这笔投资盈利的多少取决于之前整体的 20 万元和基金净值。

所以应该说，基金定投的摊薄效应只是在开始的时候略有一定的影响，随着资金量的逐步增加，基金定投越来越像单笔投资，最后还是要赚资产价格的钱，而不是赚波动的钱。

有人说，我们可以有一定的技巧，不一定很长时间这么多次数，只要到达一个收益率，让客户止盈就好了。这个确实是赚波动的钱，但是另一个问题来了：若想赚波动的钱，为什么不去做商品，比如原油、黄金？比股票基金波动更大的资产有的是。很多人会说，因为这两个资产没有类似权益类资产的增长逻辑，无法保证中长期向上。这个是正确的答案，然而核心问题就出现了：既然权益类资产具备中长期向上的逻辑，那么为什么还要赚波动的钱，还要止盈？这不是等于让客户在一片肥沃的土地上赚蝇头小利吗？更直白一些，这不等于让客户守着中长期向上的资产来回做波段吗？

最后，是仓位问题。举个简单的例子，如果客户家庭总资产 1 000 万元，拿 20 万元出来做定投，这里可以细化为两个小问题：一个是用 20 万元，而且分 12 期做定投的时候，20 万元里面的非定投资金闲置的问题（当然反过来说也可以形成存款沉淀）；另一个是其余 980 万元该做什么的问题。简单说，如果不是拿着足以影响总资产的资金来做基金定投，那么赚多赚少，都不重要。赚了也只是获得些许快感，对总资产的贡献度有限。

或者再换个角度，基金定投的本质是害怕波动，还是利用波动？如果是害怕波动，说明我们还没搞明白资产价值和收益来源。基金定投只会帮助我们去理解波动，然后消除恐惧，而它本身并不能解决波动。上文说过，拉长之后的"钝化"，其实还是在经历波动。那么基金定投是在利用波动吗？也许是，但这个时候如果仓位不够，那就根本谈不上利用。从这个角度来说，大额定投反而效果更好些。只不过这个时候的重点不是定投，而是大额，或者叫以纪律性的方式达成基金的分批投资。

总之，资产配置和基金定投并不矛盾，也都有价值。但是站在总资产收益的角度，资产配置是战略上的，基金定投是战术上的，这一点务必要拎得清。

从投资者教育的角度来说，基金定投的作用真的是太大了，从未有这么简单的方式对客户进行理念普及。定投赢利的快感和成就感，有利于理财经理与客户建立密切的联系，进一步沟通，让客户理解波动，让客户相信买基金可以赢利。毕竟，没有人会拒绝在心情愉悦的时候接受知识和建议。我对基金定投这个业务的理解是：让客户低成本感受市场，学会忍受波动，理解长期投资。所以，基金定投是手段而不是目的，我们的核心目的还是要让客户理解权益类资产的属性，并且能够在其中赚钱，并最终向资产配置过渡，实现家庭财富的综合增值。

介于资产配置和投资者教育之间的应用，叫作零"投"整取。这个对于暂时还上升不到资产配置的人群，非常有用。在这个维度，基金定投起到的作用相当于小时候的存钱罐，类似强制储蓄。只是这里不再是储蓄，而是"强制投资"。比如，每个月发工资，或者每个月定期想投一点，基金定投就是一个非常理想的方式。零存整取相当于把散落的钱，归拢到一起，形成"聚集效应"，方便打理，但是资产形态并没有发生变化，储蓄前是现金类资产，储蓄后还是现金类资产，缺乏增值的可能性。零"投"整取，则相当于定期把现金资产变成权益类资产，虽然有波动有风险，但是用定投的方式加以平滑，既起到了把钱攒下来的效果，又将攒下来的钱配置在有增值潜力的资产上。我觉得这个功能也是非常有价值的。

总结一下，对于基金定投，我倾向于一分为二来看。

从营销的角度来说：

- 为什么要做定投？上涨赚净值，下跌赚份额。
- 怎么做定投？等出来的复利，跌出来的收益。
- 如何有技巧地做定投？选波动大、弹性大的，然后止盈不止损。

从投资者教育的角度来说：

- 为什么要做定投？低成本地让客户感知盈利，理解资产价值。
- 怎么做定投？广撒网，多念叨，勤反馈。
- 如何有技巧地做定投？语言要简单，动作要快。

综上，从投资方法的角度来说，定投一定是对的；从投资者教育的角度来说，基金定投一定是好的；从家庭资产配置的角度来说，基金定投是有局限的。基金定投中长期可以赚钱，是因为底层资产中长期是赚钱的。理解了这一点，短期波动就变成基金定投最好的战友，因为短期不往下，怎么发挥摊薄效应呢？总之，短期靠情绪，中期靠估值，长期靠国运。

最后，以个人多年的经验，当资产管理机构和财富管理机构开始大规模宣传推动定投的时候，大概率是一次性投资的好时机。

三年期偏股型基金：起伏不重要，"高度"才重要

我对三年期偏股型基金有特别的感情。2014年第一个三年定期开放基金发行的时候，我在银行工作时就开始关注，参与并且投身其中。中间有过怀疑、困惑，但是几个周期之后，我现在对这个产品坚信不疑。我自己在2018年8月艰难地发行了自家公司的三年定期开放基金产品。现在回想起来，募集过程中的各种困难仍历历在目。如果不是坚定地认为这件事是正确的，那时候我可能早就打退堂鼓了。

最近几年，情况开始有所变化。随着市场波动性的下降和基金业绩的持续向好，大家已经开始逐步接受了"中长期投资中国权益市场能够赚钱"的事实，也开始明白投资之所以能够获利，本质上是因为我们分享了中国经济发展的红利，投资中国优质股

票就等于是与中国国运挂上了钩。所以，主要矛盾变成了"基金净值涨不少，为什么我赚不到钱"的尴尬问题。

我觉得出现这个问题的主要原因有两点：首先，大家还是不相信基金能赚钱。这就有点儿麻烦了，底层认知不改变，不管怎么营销，买基金在客户看来还是相当于打麻将，建议客户买入三年期偏股型基金，相当于把大家按在麻将桌上玩3年，这谁受得了。其次，趋利避害是人的天性，"别人恐惧我贪婪，别人贪婪我恐惧"普通人真的很难做到。

那么，三年期偏股型基金究竟好在哪里？

第一，解决了"基金赚钱但是客户不赚钱"的问题。

一只偏股型基金只要是封闭式或设置持有期，那么它就和开放式基金不在同一维度了。对于客户而言，因为中间无法赎回，所以基金收益等于客户收益。这意味着，中间的波动、涨跌都跟客户没关系，中间任何时点的净值都不是客户的最终收益。客户的最终收益就是"掐头去尾"的高度，也就是说只跟结尾那个时点的净值有关。这也就让基金产品做到了"净值所见即客户所得"。具体如图3-1所示。

这同时意味着，哪怕一只基金3年下来表现得不那么亮眼，但只要是正收益且说得过去，那么它就能为投资者扎扎实实地赚到钱。许多绩优基金，大部分客户是拿不住的，涨涨跌跌，来来回回，不知道申购赎回多少次。其实回过头一看，买绩优基金最终获得的真实回报，甚至远不如买一只业绩普通但能拿得住的三年期偏股型基金。

所以，三年期偏股型基金不只是封闭起来就好，而是封闭起来之后让客户感受到了偏股基金"本来"的好。

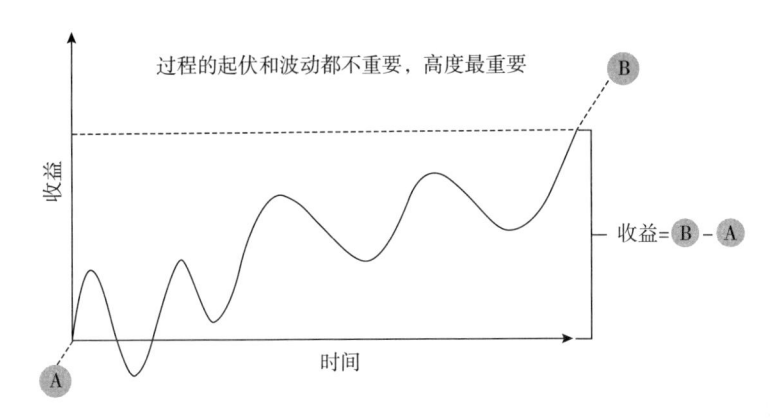

图3-1 三年期偏股型基金的收益

第二，抑制申赎，赚大钱。

为什么客户喜欢追涨杀跌？很扎心的一个原因，就是很多客户没在基金上赚过大钱，所以更在乎频繁买卖的小钱。过去几年业绩翻倍的基金很多，但是又有多少人望着净值2.0的基金兴叹，觉得好像没买到好的，但是仔细一看其实都买过，只是中间出现一个波动，早早地就卖了。净值涨跌和市场波动最容易让人患得患失，一个解决的办法就是干脆让自己绝望，反正这部分钱短期用不到现在也赎不出来，只好眼睁睁看着收益涨上去又跌回来，跌回来又涨回去。来来回回几次就会让人心力交瘁，再不愿意看这只基金一眼。结果，心如死灰的"躺平"却成了投资基金最好的姿势，拉长封闭期这么一个简单的设置反而能够让客户赚到大钱。所以，即使是同一个基金经理管的同样策略甚至同样持仓的产品，即使几年下来业绩一样，从客户获得的结果来看，选择开放式基金的客户相对更容易拿不住，赚得不如选择封闭式基金的客户多。

这里归纳一下，买基金赚钱需要3个条件：一是，基金得赚钱；二是，客户需要在基金上赚钱；三是，整体权益仓位配置得高到影响总资产。为什么三年期偏股型基金往往盈利情况较好，就是因为锁住了，所以真实收益率高。对等比例把这封闭期产品的仓位加上去，确实能够赚大钱。

第三，从投资的角度，封闭式基金相对更适合基金经理发挥。

金融产品有不可兼得的三性，即流动性、安全性、收益性。为了提升收益性和安全性，降低流动性是一个必然选择。从股票投资来说，长期限的封闭期，可以让基金经理更好地坚持投资策略，不受客户因波动追涨杀跌带来的申赎影响，从容地寻找优质企业。以3年的维度看待一个行业或者一家企业，对于基金经理而言太舒服了，正确的概率也大幅度提升。我们经常说，负债的属性决定投资的属性。对于投资而言，绝大部分基金经理看企业是没问题的，关键是做左侧还是右侧。左侧的话，获利最丰厚，但是资金属性不会给你这么长的容忍时间。所以大部分基金经理都更偏向做右侧一些的投资。一定程度上这也算是对资金属性的一些妥协。而三年期的权益产品，用一个封闭的约束条件，让散户的资金至少在流动性方面更像一个中长期的投资机构，可以给基金经理充分的时间来投资，甚至来纠错。开放式基金一段时间没做好客户就赎回了，以后做得再好，跟客户也没关系了。

当然，如果封闭期内，遇到了一波牛市就更好了。遇不到牛市，就赚企业盈利增长的钱；遇到牛市，就赚企业盈利增长（EPS）和市场情绪（PE）的钱。"熊则耐心度过，牛则一次吃饱"。

第四，锁定与客户的关系，降低维护压力。

三年期产品一卖出就锁定3年，理财经理可以用3年的时间慢慢与客户好好沟通，升级关系。这个很好理解，但是三年期产品还有另外一个意义。在过去几年的实践中，我发现客户对三年期产品的敏感度明显比开放式产品要低，也许是开放式产品给客户留有可操作的空间，市场一有波动客户就会马上询问，但对三年期产品往往"心如死灰"，因为客户知道，问也是白问，反正也赎不出来，还是问那些能赎出来的，感觉不对还可以撤。封闭式产品就是断了客户赎回的念想，所以客户的关注度被动地降低了。

如果三年期产品已经有了相对厚的"安全垫"，关注度就更低了，因为再怎么跌也跌不穿垫子，往后每一天都是赚的，感觉就更好了。所以，我给三年期产品起了一个绰号，叫作"卧底类产品"，意思是只要有它在，客户的总资产里就好像被安排了一个卧底，有自己人在，还有什么搞不定的。

接下来，我们再看看三年期偏股型基金在实践中存在的问题。

首先，被质疑是每一个三年期偏股型基金产品第一年都逃不开的"宿命"。

你以为赚钱就不被质疑吗？第一年涨得慢，可能被质疑；第一年没怎么涨，可能被质疑；第一年刚开始就有浮亏，那更要被质疑了。所以，第一年被质疑，是非常常见的。到了第二年，客户可能就没有劲儿去质疑了。因为不能赎回，索性眼不见心不烦了。只盼着三年到期就能解脱了。到了第三年，无意中打开账户一看惊呼："哎哟，怎么赚这么多。"于是之后上涨了，更开心，因为马上就要满3年了；下跌了，没关系，"安全垫"足够厚，只恨自己当初为什么买得这么少。所以，第一年被质疑，第二年被冷落，第三年成了"好基金"，这就是过去几年三年期偏股型基金的宿命。

其次，先涨后跌是最难受的。

2019年以前的三年期产品，基本上都经历了1~2个周期，大部分人的盈利体验是没有问题的。但是三年期产品发行的"井喷"主要是在2019年以后。而到了2022年，一部分当时被寄予厚望的爆款、配售产品正在经历一个相反的过程。一位朋友曾经发给我一段感受：2019年我买了某基金，等两年多了。第一年，天呐，涨这么多，快翻倍了，淡定淡定，都是数字。第二年，收益回吐50%，嗯，也还行吧。现在第三年，我已经无所求了，全身而退就"烧高香"了。

这个心理过程，可以理解。2019年年中发行的三年期产品，经历了2019年和2020年，当然涨得不错。2021年行情分化剧烈，2022年1季度轮番下跌，收益就像"坐过山车"。这是让人最不爽的——看到却又得不到。浮亏虽然不是真亏，但是浮盈也不是真盈，全都吐回去了。

这里宏观方面有市场的因素，尤其是2022年1季度"黑天鹅"频出，微观方面有基金经理的因素，毕竟彼此业绩还是有一定差距，但是我想在这里指出客户的一个认知误区。我重点关注的几只三年期偏股型基金，截至2022年4月底，2019年1季度发行的产品3年后收益率是50%多而峰值是140%，2020年1季度发行的产品2年多了收益率是30%左右而峰值是接近90%。许多客户会非常自然地认为三年期产品这个模式并不好，理由是如果这不是一个三年期产品的话，很可能在最高点就止盈赎回了，甚至还能在2022年4月这样的低位用当时止盈的资金来抄底。

这是美好的愿望，但是很难实现。

这其实很好举反例，大部分客户不会把资金都买成三年期产品，肯定还买过开放式产品，那么他们对这部分开放式产品真的做到高点赎回了吗？有朋友说，某基金3年不动收益率也就60%，可是却没想过，如果3年动一动最后的收益率能超过60%？即使超过60%，这部分资金占总资产的仓位是多少？最后到底赚的是快乐，还是赚的钱？其实很多朋友是从投资好坏的角度来看待问题，"马后炮"地惋惜本来可以赚得更多，而忽略了三年期产品的核心是帮助客户完整地获得这60%的收益率，而且也达到了权益类产品过去的平均总资产收益率。

直到此刻，我依然非常认可三年期偏股型基金的价值。我希望看到的不只是基金经理业绩好，因为有时候基金经理业绩好只成就了自己，而没有让投资者同样赚到好业绩。但是三年期产品，不但要求基金经理要做好，而且要让客户把这个业绩全部拿到。进一步回到资产属性的大框架下，即使同一个基金经理管理的开放式和三年期产品，资产属性一致，收益来源一致，持仓和业绩走势大体一致，但是产品结构和策略不同，呈现出的结果和作用也不尽相同。

开放式产品加一个3年的期限，就像电影《大话西游》中的至尊宝戴上了紧箍变成了孙悟空，不再看人世间的七情六欲——申购赎回。所以，不要像至尊宝动不动就想回到500年前，感慨曾经有一份很高的收益摆在面前，而自己没有珍惜赎回的机会。

那么，如何更好地利用三年期偏股型基金获得盈利？我觉得答案也很简单，就是开放式基金和三年期偏股型基金搭配来做配置。用三年期偏股型基金赚资产收益的钱，用开放式基金满足流动性和止盈止损的交易需求，各自完成各自的使命。从期限错配的角度，这是个不错的建议。

以上就是我对三年期偏股型基金的全部理解。这个理解也在迭代和进化，就像2014年我第一次接触三年定期开放基金一样，觉得这个周期太长了，但到了2017年，我发现原来三年也没那么长，而且开始坚定地认为三年期产品必须和价值投资绑在一起，踩着低到"地板"的估值赚净资产收益率（ROE）的钱，同时慢慢把长期主义作为自己的信仰。然而经过了2019—2021年，我又发现似乎市场上没那么多低估值的产品，时代不断变化，而成长型和价值型似乎也没有必然的对立。在变化的时代，唯一不变的，就是基金经理需要持续学习，拥抱改变，不断自我进化，而三年期产品恰恰给了基金经理这样一个相对宽松的时间。

很多时候，我们对事物的理解都是一个循环迭代的过程。王国维在《人间词话》中写得很清楚：第一种境界是苦求，本质上没想明白，所求的过程很痛苦——昨夜西风凋碧树，独上高楼，望尽天涯路；第二种境界是追求，这是想明白了想要什么以及为什么想要，所以更多是坚定——衣带渐宽终不悔，为伊消得人憔悴；第三种境界是无求，这是最高境界，但是正因为如此反而更容易得到——众里寻他千百度，蓦然回首，那人却在灯火阑珊处。《神雕侠侣》中杨过跟着神雕在独孤求败的剑冢看到了三把剑，也分别代表了人生的三种境界：第一把是紫薇软剑，年轻气盛，恃才放旷，看谁都不顺眼，所以这把剑是"凌厉刚猛，无坚不摧，弱冠前以之与河朔群雄争锋"；第二把是玄铁剑，经历了人世沧桑，人生开始化繁为简，天下武功莫不过几个动作，是以"重剑无锋，大巧不工"；第三把是一把木剑，"不滞于物，草木竹石均可为剑。自此精修，渐进于无剑胜有剑之境"。

投资也有三重境界：第一重是买；第二重是卖，有句话说得好，"会买的是徒弟，会卖的才是师傅"；但其实还有更高的境界，也就是第三重——不卖。好股票就是好企业，为什么要卖？好的基金经理的产品，相当委托这个人帮我们做投资，为什么要卖？

第 4 章

为客户创造价值：理财经理的初心

财富管理的定义

前3章我们主要讨论了资产配置，这一章我们来讨论财富管理。这是一个很宏大的话题，我的切入点是回归初心，先想明白到底什么是财富管理，而这其中最需要厘清的问题是，财富管理和资产管理有什么区别。事实上这两件事表面上会有交叉，这就导致许多人因为日常烦琐的工作而忽略了这两件事本质上的不同，却又总觉得隔着一层窗户纸。有两件事代表了我最开始对此的困惑。

第一件事。在我刚开始做私行业务的时候，看到一篇非常缓解压力的文章，大意是客户亏钱了你也不要压力太大，因为客户买产品能不能赚钱跟你关系不大，一切都是看客户自己的财运。我当时真的是醍醐灌顶。但是过了一段时间，我又困惑了：如果这句话是对的，那么作为理财经理或者说财富管理工作者，我的价值是什么呢？如果市场好的时候客户挣钱，市场不好的时候客户亏钱，跟我没关系，那我存在的意义又是什么呢？

　　第二件事。一次聚会中刚认识的一位朋友问："你是做什么工作的？"我回答道："我是做财富管理的。"然后朋友继续说道："那你炒股一定很厉害，给我推荐几只股票吧。"这个对话有点尴尬，因为它其实隐含这位朋友的一个错误的认知逻辑——财富管理等于炒股。类似的场景还有很多，比如在客户眼中，财富管理可能就是卖理财产品。

　　以上归纳起来就是一个问题：什么是财富管理？这个问题包括：理财经理应该如何理解财富管理，以及如何让客户理解财富管理。

　　我对财富管理的定义很简单——帮助客户管理财富。具体怎么理解呢？

　　首先，是客户。

　　财富管理与资产管理最大的不同之处就在于此。资产管理更多的是面向资产，从资产里面去挖掘利润。财富管理则更多的是面向客户，依托客户的信任，从客户的需求和利益出发，协助客户挑选产品和管理人，解决客户的金融问题，陪伴客户一起跨越周期。资产管理人表现不好，财富管理人经过评估将其换掉就好了。所以理论上，客户与财富管理人之间的联系应该比资产管理人更深，毕竟换产品容易，换服务难。

　　其次，是管理。

　　记得以前去见一位新的私行客户，我们相谈甚欢。客户直截了当地说："你能不能用最简单的话，说服我做你们的私行客户，把钱交给你们管?"我想了一下,蹦出一句我现在都觉得很有才的话:"选择私人银行,提高生活质量。"客户又问道:"这是为什么呢?"我说道:"很简单,您告诉我现在对您来说最重要的三件事是什么。"客户想了想说:"健康、家庭和……"我说:"您千万别说事业,这个太泛了。尽量想想什么是您觉得现在最宝贵的东西,而且总觉得不够用。"客户哈哈一笑,说道:"你都暗示到这个地步了,我当然知道你想要的那个答案,是时间。"我说道:"没错,越成功的人,越愿意把时间聚焦到最能产生价值的地方,也越倾向于由专业的人处理其他不重要的事务。高净值客户更愿意为专业付费的本质原因是,可以节省时间去创造更大的价值,或者用来休息或陪伴家人。所以如果您能够放心由我们来进行财富管理,我们一定会最大限度地帮助您实现资产的保值增值,让您有更加充裕的时间和精力去做更有意义的事情。当然,我们可以慢慢来,也可以等,但是希望现在就能开个好头。"最后,客户欣然签约。

所以,管理的概念可以很宏观,从资产配置到传承保障,也可以很微观,小到管理客户的情绪。市场震荡,客户资产缩水,谁的心情都不好。这个时候理财经理的价值,就是及时传递信息,消除客户的恐惧,让客户更加安心,最终提升客户总资产收益率。这个过程看似和客户的资产没关系,但是事实上很多时候只要管好客户的情绪,让客户以长期的视角去看待周期,那么许多短期的问题就迎刃而解了。

最后,是财富。

财富管理，管理的落脚点自然是财富。财富量级不同，客户的关注点也不同。财富是一个有机体，我们不能把目光只局限在保值增值，而更应该着眼于全面的保障传承等维度，才是真正地帮助客户管理财富。

综上，财富管理的目的不是让客户一夜暴富。客户发财靠的是自己在最有经验的领域里把握结构性机会，乾坤一掷。理财经理没有让客户发财的能力，否则理财经理就应该叫"发财经理"了。客户思考的应该是如何在事业上创造更大的价值，而理财经理要做的是让已经创造出的财富保值增值。一句话总结，客户负责有钱，理财经理负责管钱。

然而，资产管理似乎也有帮客户管钱的功能，这两者有什么不同吗？

当然有。狭义来看，财富管理解决的是客户从资金到产品的配置问题，它讲的是广度；资产管理解决的是产品到资产的利润挖掘问题，它讲的是深度。财富管理更关注客户需求，是帮客户管钱；资产管理更关注资产收益，是为客户分过来的这一部分资产增值。财富管理包含资产管理，资产管理是财富管理可调用的很大一部分，但不是全部。财富管理像中医，核心竞争力在于望闻问切、开出药方；资产管理则更像采药人，用各种策略和工具去山上采药。具体如图4-1所示。

因此，财富管理应该做好两件事：一是把握客户需求，二是为客户做组合，搭出一个符合客户需求的复利结构，然后让这个组合一直"走"下去。在财富管理这一端，我们要做客户的"守夜

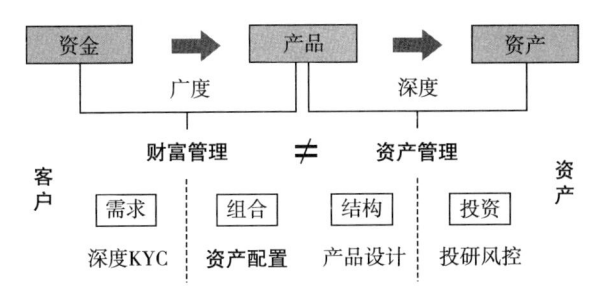

```
资金 → 产品 → 资产
        广度      深度
客         财富管理 ≠ 资产管理        资
户                                    产
    需求   组合    结构    投资
   深度KYC 资产配置 产品设计 投研风控
```

图4-1　财富管理与资产管理的关系

人"，客户资源就是我们最宝贵的资产，客户信任就是我们最丰富的资源。所以，我们一定要从客户的角度考虑问题。

从客户角度考虑问题，谁不会？还真未必。认知不到位，就是迈不过这个坎。举个例子，在产品营销的时候，我们都要写营销话术，大部分人的第一想法是，这个产品的卖点是什么，怎么卖。这个逻辑我觉得并不是站在客户角度。我们第一个应该想的是这个产品的存在到底能够为客户带来什么价值。我们一切的思维包括营销，要从客户角度考虑问题，这才是财富管理从业者应该具备的思维。

另外，财富管理要全面关注客户的需求，不应该只关注客户个人的金融资产分布，连其家庭和企业的需求也应该关注。之前有一位理财经理告诉我有一位客户很难服务。原来这位客户是做私募基金的，而理财经理推荐给他的产品，都因投资经理的管理水平不足而得不到认可。

但是，私人银行真的不能为基金经理提供优质服务吗？并不是。后来去陪谈时，我们聊得很好，我问了以下问题："第一，你要不要钱？如果你做得好，要不要我们帮你给总行推荐产品？第二，你要不要买房？我们有房贷。第三，你要不要出国？以后孩子要不要出国？你要不要每年转一点外汇？家人的保障都做了吗？你爱人是全职主妇，家里的现金流都靠你，万一你遇到问题，现金流断掉，你家人的风险其实是暴露的。在现金流最好的时候，你是不是应该考虑买保险？千万切记，买保险不是为你自己考虑，而是为别人考虑。"后来我和理财经理说道："你不用太灰心，简单来说，就是你管理的客户类型还不够多。高管、明星等类型的客户多了之后你就会明白，客户怎么可能没有一丁点儿的金融需求？关键是我们需要考虑得更全面而已。"延伸来说，每一家财富管理机构，都需要把自己能够为客户提供的所有服务从头到尾梳理一遍，把服务到底能为客户提供什么价值想清楚，这样我们才能更有自信去跟客户沟通、挖掘需求。

简单总结一下，狭义来讲，财富管理对客户负责，资产管理对业绩负责。财富管理的本质，我们自己要明白，也需要让客户接受我们的逻辑。不然，我们可能被客户的反馈误导，看低自己。

客户对财富管理的需求及其时代背景

我曾经接待过一位客户，50多岁，受教育程度不高，言语粗鄙，但是非常有钱。他当初借钱给别人，别人还不起就拿公司股票来抵，十几年来股票一直横盘，结果多年以后公司突然被借壳上市，于是客户套现2亿多元现金。在沟通中客户说道："我要求不高，钱放你们这儿一年20%的收益率就可以了。"

其实在工作中，我们经常遇到这样的情况，客户的预期收益率特别高。很多时候大家本能地觉得是客户的问题，认为客户不懂配置，不懂风险，凭运气赚到的钱，有可能凭本事亏回去。但其实未必。很多时候我们和客户沟通时，并没有站在客户的角度，没有考虑客户到底想要什么，为什么会说出这样的话，客户的背景是什么，客户为什么会有这么多钱，客户的财富是怎么积累的。

一开始面对高净值客户的时候，我经常会很心虚，总是想："我凭什么去教育这些动辄身家千万的客户呢？客户比我有钱得多，会听我唠叨财富管理、资产配置吗？"有时候，我真担心客户回复："我从来没做资产配置，不照样赚这么多钱吗？"这句话其实没问题。

记得在一次就职银行全行组织的大型超高净值客户活动上，一位身家四五十亿元的客户分享了自己的人生感悟。他说自己一路走到现在，有这个身家，其实就靠三件事：第一件是运气，赶上了改革开放的好时代；第二件是胆量，一鼓作气就"下海"了；第三还是运气。回过头想，有些事就是没做，有些事就是做了，最后也没明白背后的原因，反正结果就是"活"了下来。所以，最应该感谢的，还是遇到了这么好的时代。

这位客户的发言给了我极大的启发。之前我从来没有想过客户的钱是怎么来的，只是想着客户的钱该怎么配置。这其实本末倒置了，在这样的思维模式下我们很难理解客户的需求。只有理解了中国人的财富从何而来，才有能力去判断中国人的财富又将去向何方，也就能更好地思考客户的财富到底需不需要管，要怎么管。吴晓波的著作《激荡三十年》和很多高净值客户的创业故事，给了我很多的启发。通过对历史的研究，我对中国经济的发展和中国人财富的积累有了更加深刻的理解，也感觉到了财富管理从业人员身上肩负的责任。现实情况是，财富管理越来越重要，也越来越紧迫了。

中国人开始变得有钱，可能要追溯到改革开放的伊始。1978年恢复高考，很多人上了大学，这一代中国大学生很多已经成了国家栋梁。改革开放造就了中国经济的腾飞，许多富人就是从这里开始了原始积累。我们算一下，第一批在当打之年抓住改革红利的人，现在应该70岁左右了。到了这个岁数，意味着他们正面临财富传承的问题，但是他们很可能没有经验。

进入20世纪90年代，中国改革开放经过十多年的发展，老百姓大都攒了一些钱。所以在1994—1995年，许多人开始用一些商业化的方式来做事，比如出现了央视标王。这背后的逻辑是：第一，大家有钱了；第二，大家想消费；第三，当时获取信息的渠道还不是很通畅。1997—1998年，亚洲金融危机发生，同时促进了互联网经济的发展。进入2000年后，中国迎来了"黄金十年"，如加入WTO，迎来房地产大时代，进行股权分置改革等。

回顾中国企业的历史，我们发现：中国人的财富积累是伴随着改革开放的红利，也就是大家常说的"时势造英雄"。另外，早期商业的制胜法宝是胆识、投入，但随着时代的发展，玩法已然不同。在经济体制不断完善的过程中，必然存在一些不对称的机会，胆识的确很重要。但是经过三四十年的发展，我国经济体制已经越来越成熟，而且法制体系越来越健全，现在社会也更加遵循商业化的法则，这样的不对称机会越来越少了。此外，随着GDP增速下降，现在赚钱比以前更难是毫无疑问的。总之，中国经济的发展从资本拉动的时代转向效率和技术拉动的时代，创富规律完全改变了。所以，当财富创造的速度变慢，而人们又积累了一些财富，现在确实到了应该认真考虑如何管理财富的时刻了。

总之，财富管理的需求是时代推动客户产生的，理解了这一点，我们才能更加自信地与客户交流。因为我们手上有客户需要的信息和工具，我们具备为客户解决问题的能力。

当客户提出只要"每年20%的收益率就可以"这样的需求时，我们需要考虑以下几个问题：客户为什么会有这么高的预期收益率？客户是什么样的事业背景？客户的财富是怎么积累起来的，以至他有这么高的收益率预期？客户要这么高的收益率，他的目的是什么？他拿这么多钱，要怎么花？客户真的理解获得20%收益率的背后会面临什么样的风险吗？客户真的理解这些金融工具背后的风险吗？按照这个逻辑，再深入地和客户沟通，而不是抱怨客户不专业，不够理解我们。

财富管理的核心是经营信任

"财富管理的核心是经营信任"这个结论其实非常简单，但我得到这个结论的过程并不容易。在这一节的开始，我以亲身经历为案例，阐述一些思考。

成功案例一：第一次投顾陪谈

当年我做投顾的第一位陪谈对象是一位阿姨，过程非常顺畅，最后落单有六七百万元的产品。结束之后，理财经理跟我说这次很成功，结果也很好，而且整个沟通过程大概百分之七八十的时间都在 KYC，这个过程很标准。对于这个评价，我是很困惑的。那时的我还没有接受过这方面的培训，听了理财经理的总结，我的第一反应就像樱木花道，觉得自己可能是个天才。回顾整个过程，我当时的心理活动是：这位阿姨其实不是很懂投资但不缺钱，她的家庭生活很幸福，而且儿子很优秀非要给母亲很多钱，因此她的资产越来越多。我有两个顾虑：第一，不要因为不恰当的投资使客户产生过多的焦虑；第二，不要过度影响她，必须弄明白她到底想要什么、能懂到什么程度、需求到底是怎样的。一句话，我怕我卖错。所以这个案例可以总结：第一，我心怀客户；第二，我认为 KYC 不是一种技巧，而是一种本能。如果我们心怀客户，我们的动作一定会很谨慎。KYC 不应该是被教出来的技术，而应该是一种共情能力。

成功案例二：无意中挖掘的需求

这一次的陪谈收获了一个惊喜。客户是一位家庭主妇，主要陪孩子读书，有四五百万元的资金量，不太碰权益类产品，也就买理财产品、信托。和客户聊的时候，客户觉得我们的信托产品收益率有点低，不如其他机构的高。我解释之后，她又抛出另一个问题：你们的产品是怎么做的？整个过程中，她提一个问题，我就回答她的问题，这些问题可能是她之前问过很多人但都没有得到答案的。几个来回之后，她说她丈夫参控 3 家上市公司，又问了一些更专业的问题。这让我很震惊，因为这和理财经理提供的信息完全不相符。我后来详细问了理财经理与客户的关系，才知道她们关系很好，为了顾及理财经理的面子所以客户一直不愿意和理财经理谈专业问题。我当时就叹道：我们的"盘子"里还有多少这样的大客户存在啊？所以，专业能力决定沟通深度。

成功案例三：客户突然转进很多钱

一天，一位理财经理的总资产突然多了 1 亿元，理财经理查完之后发现是一位客户转钱过来，原因是客户在其他银行出现亏损，亏损之后分行不但解释不清楚，而且拖了半个月也没有答复。客户就觉得我们的理财经理比较靠谱，因为每次来行里都会给他留停车位，于是就把钱转过来了。我当时就震惊了。我一直觉得要用真心，要专业，但是经过这件事我发现好像也不一定，原来"给客户留停车位"也这么重要。当然这是开玩笑，但是这说明客户在乎的还有很多其他的东西。

失败案例一：100 万元产品的故事

这是一位支行行长带来的客户。当时我们有一个特殊产品，收益很高，100万元起点，刚好我手上有这个额度，于是支行长就请我和客户聊，看能不能引入一些行外资金。当时支行长给我的反馈是这个客户只对固定收益产品感兴趣，没买过别的。我跟客户解析完产品之后，顺道和客户提了一句：我们还有其他产品，比如私募、定增。客户说他都买过，于是信息又不对称了。聊了一个多小时后，客户觉得我讲得很好，说我专业、靠谱，人又帅，让人觉得温暖、可以信任，但是最后他只想买那个100万元的产品……

失败案例二：客户侄女的故事

我和理财经理到客户那里陪谈，客户身家过亿，但是办公环境特别破，小楼可以说是"脏乱差"。坐下之后我就和客户讲我们能做些什么、能提供什么服务。交流过程中，我明显感觉客户的眼神透露着听不懂的意思，但是客户也没打断我，可能他也不想听懂，而是想从蛛丝马迹中看我靠不靠谱。讲了12分钟之后，他示意我不用讲了，然后打电话给他侄女让她过来。他的侄女在券商中后台部门工作，过来之后，客户让我又对他侄女重新讲了一遍。侄女明显更好沟通，我们聊得火热，侄女甚至直接说自己有关注我的公众号，是我的粉丝。我听完心想这次把握很大了。结束之后侄女说会让叔叔把几千万元往我们这边放。我赶紧客气几句说，没关系，少放几十万元也可以。结果这个客户在他侄女公司买了2 000多万元的券商理财产品，一分钱也没往我们这边放。

经历过数次成功与失败之后，我慢慢明白了：财富管理的核心是经营信任。当信任度不够的时候，说什么都无济于事；当信任度足够的时候，比如有亲情的纽带在，那么盈利和波动未必是客户最关心的事情。

理解了这一点，短期谈不成客户，我们也就不焦虑了。这个不是给自己找借口，而是理解了事物的本质，需要循序渐进，也就想明白了下文会讲到的"慢，就是快"。不理解这一点，我们经常会在各种压力之下很自责，但思而不得其法，多走很多弯路。因为我经历过这个过程，所以在此特别强调：搞不定客户，很多时候是信任度不够，不是我们的问题，是时间的问题。

财富管理不是以资金募集为目的，而是从客户利益出发，以客户的需求为方向，调动各类金融工具为客户持续创造价值的过程。在这个过程中，客户为"解决问题"的服务和"以诚相待"的信任付费，而不是为高收益付费。如果我们认为财富管理的核心是以客户为大、重视客户利益，那么我们从逻辑、想法，到动作、表达方式、仪容仪表，都会向客户体现出一点——我是在认真关心你，让客户无时无刻不感觉到对面的人是关心自己的，是在乎自己利益的。

为什么信任很重要？第一，信息高度不对称，客户得不到很专业的信息；第二，信任成本非常高；第三，专业度依然缺乏。信任和客户赚不赚钱没有直接联系，也许我们让客户赚钱了，客户也不信任我们，随时可以把钱转到别的地方去。

信任更多需要靠智慧去构建。很多时候，聪明是一种天赋，而真诚是一种选择。天赋与生俱来，技能可以培养，而选择则颇为不易。真诚对待身边的客户，因为他们将可能是我们今后人生道路上的良师益友，现在为他们服务就等于为自己的将来服务。如果财富管理真的只是卖产品，那么要卖的只有一个，就是我们自己。以这样的态度维护客户，才更有利于构建长久的信任。

信任之后就是我们和客户之间关系的长期经营，对我而言就是两件事：第一是资产检视；第二是投资者教育。检视是持续的服务；投资者教育是展现专业，同时让客户弄懂。我认为一次性销售是最不重要的，而持续往复的资产检视是最重要的，资产检视的价值有以下几点：第一，客户会感觉到你在关心他的资产；第二，客户认为你在关心他的资产就是在关心他，谁都渴望被关心，进而会增加彼此的信任。在资产检视的过程中，往往会出现新的销售机会。

机构和个人一个很大的区别在于：机构有一个刚性的负债成本，比如理财产品的负债端，怎么都降不下来，是固定的；但是个人没有刚性负债成本，只有一个"飘忽不定"的预期收益，而这个预期收益依托彼此的信任其实是可以沟通调整的。这就是个人和机构最大的不同，也是财富管理与资产管理最大的不同。

总之，信任才是财富管理的基石。

那么，怎样才能够得到客户的信任呢？我观察了自己身边的许多朋友，发现优秀的理财经理身上都体现了三个特质，总结一下就是：有料，有心，有趣。我们可以对比这三点，未必所有理财经理都具备，但是同时具备一两点肯定是必须的。有料就是要专业，有心就是要有温度让客户体会到我们的关心，有趣就是要有人格魅力。这几个点都是一说大家就明白的，关键问题是，如何培养这样的能力呢？

第 5 章
如何赢得客户的信任

有料：要专业也要有边界

客户为什么会信任我们？因为我们很专业，能回答客户各种问题，给出客户相对科学的建议。这里对于专业的定义是多角度的，专业能力确实可以从多个维度体现，包括但不限于丰富的金融知识、标准的服务、职业的装扮、专业的语言。还记得我在私行上的第一课就是——专业的第一步是，看起来很专业。不过我们也必须认识到，专业需要积累，理性也需要沉淀，虽然成长可以加快，但没有捷径可走。

先开宗明义，我认为财富管理的"专业"简单来说就是四个字：见多识广。这里看起来似乎有点矛盾："多"和"广"意味着泛，怎么反而叫作"专"业？这和财富管理的本质密切相关。财富管理面向的是客户，解决客户的问题是理财经理最重要的工作。这意味着理财经理需要了解足够的信息，理解许多事情背后的逻辑，或者能够以自己的认知理解客户的需求，然后迅速在脑海里形成解决方案，并且知道需要找什么人、做什么事。而这些未必一定要在特定领域扎得足够深。每个细分领域有投顾、产品经理、法律顾问等人员，后续很多更为细致、落地的工作自然有人来做，金融产业链从来不缺专业人士，而此时此刻缺的，是距离客户需求最近且知道接下来怎么做的人。

一开始我做私行业务的时候，最怕客户觉得我不专业。但后来我想明白了，术业有专攻，以投资为例，我们的投资能力很难超过天天做投资的基金经理，但是我帮客户配置他管理的基金就可以了。想明白这一点，我便坦然了，需要做的一方面是加强对各种业务的学习，尽量多看，多熟悉，另一方面是拥有面对客户的有些提问即使当场回答不出来，但是始终相信只要多一些时间自己总会解决的信心。自信不是基于自己有什么，而是基于知道事情该怎么解决的能力。

对于财富管理从业者而言，见多识广意味着见过的产品多，见过的业务模式多，见过的市场环境多，经历的起伏震荡多，经历的客户悲欢离合多。中医的核心竞争力在于望闻问切和知道怎么开药，采药不需要自己亲自上山，找供应商足矣。举个例子，针对基金业务，某个基金经理的历史业绩、每个阶段的想法、风格和投资策略，我们不说信手拈来，也得如数家珍；市场突然回调了20%，我们脑海里必须瞬间反应出历史上有多少次这样的情况出现，那些基金和投资者后来怎么样，现在如何应对。

所以从事财富管理工作就需要知道得泛一些，什么都懂一点儿。甚至有时候我们跟一位客户聊完，就会用学到的经验和了解的信息去跟另一位客户聊。很多客户只局限在自身的领域之内，而我们面对的是许多不同领域的客户。我们不生产信息，做信息的"搬运工"就好了。信息的不对称，或者说财富管理领域的巨大信息量，就是我们的优势。也就是说，我们在财富管理领域的信息储备和知识积累比客户多，就能够帮助客户，为客户提供价值。另外，资源调动能力也很重要，把自己变成一个平台，在这个平台上汇总各种各样的资源，然后帮客户解决问题。比如，客户想去某医院就医，正好自己有其他客户或朋友可以提供帮助，就可以调动资源来满足客户的需求，进而增加客户黏性。

总之，我们要专业，但也须知，更要有边界。金融领域太大，专业上的纵深没有尽头。只有清晰地根据自身的业务属性、需求，或更直白地说，根据自身的体系模式和考核机制，反推自身的专业边界，才能更有效地分配自己的时间和精力。自离开校园迈入社会，要想学习新技能或者提升专业能力，我们主要依靠的就是时间投入了。你的时间花在哪里，结果就会在哪里。但是现代人生活工作压力颇大，挤出时间并不是一件容易的事情，所以要注意在正确的范围内和方向上投入时间。

同时我们必须要注意另一个问题：自以为专业。理财经理日常会接收到非常多的信息，类似的专业信息看得多了，可能会产生一种错觉，就是自己很专业。这个时候我们需要认清一个问题：我们给出的结论，是我们汇总提炼的，还是基于一系列清晰可量化的逻辑框架产生的？这两者是有天壤之别的。这里并不是说前者是错的，我们当然可以利用一些可用信息和结论来做出自己的判断，但我们更需要清晰地明确自己的定位。整合结论和生产结论，是我们经常会遇到的场景。清晰地分辨这两者的区别，有利于我们明确自己的边界。每一种结论都有其适用范围，厘清这一点有利于我们为客户提供更加准确的建议。

综上，所谓见多识广，需要避免两个误区——既不要妄自菲薄，觉得自己不专业，又不能把所有的结论归因于自己专业。把握专业的边界，才能更好地在专业方面有效精进。

有心：尊重客户

因为之前私行的从业经历，接触过许多高净值客户，我养成了一个习惯：尊重客户。因为与这些高净值客户沟通交流时，许多"套路"都没用。客户要么见惯了各行各业的营销人员，要么客户本身就有营销经验，甚至比我们还丰富。我们的目的客户可能一清二楚，只是碍于面子未说出来。

印象比较深的一个例子是一位从事房地产的客户告诉我："你们新的理财经理营销意识还比较弱，感觉你们培训力度不够啊。前几天我们人力部门请了一个老师，专门教售楼处的销售员卖房子，我认真听了一下讲得非常好。虽然跟你们行业不同但是很多道理是相通的，需要的话我可以介绍给你们，共同提高。"我听罢哑然失笑，你想要营销的对象主动帮你介绍老师提升营销和服务他自己的能力。

人常说，最大的"套路"是真诚，最大的真诚是走心。这句话没错，但是缺少了一个前提和底层驱动因素，就是要尊重客户。

针对客户的需求，有两个方面可以让我们打破套路：一个是实实在在地帮助客户解决问题，另一个是让客户感觉到被关注、被关心。所以，在工作中，所谓的有心，是基于我们与客户的互动，包括但不限于产品、配置、服务、沟通等一切触点，让客户感觉到我们在很认真地为他们服务，很认真地关心他们，同时让客户明白，我们的一切行为都是从他们的利益出发。注意，这里我特意加了"认真"两个字。关心是行为和动作，但是认真是一种态度。很多时候，态度比行为更重要，但态度也可以训练，甚至可以适当"表演"。

这一点并不局限于金融行业，服务行业都应该具备，只不过在金融行业，尤其在财富管理领域，它变得更加重要。主要原因在于财富管理工作是帮客户打理钱，那是客户最重要的东西之一。我们如果做得稍不用心，客户不但对我们的服务"无感"，而且会给"差评"。

此处，我举三个例子。

第一个例子是一位明星客户的故事。明星最不缺问候与礼物，但是我们的理财经理还是会定期发微信、短信，逢年过节或者生日的时候，也会发祝福，说明为其准备了礼物。一般情况，明星不会来拿，但是也都表示感谢。有一次明星过来聊天的时候说道："我觉得你们服务特别好，因为你们总惦记着我，总送我礼物。"事实上，明星并没有到我们这儿来过几次，也没收过我们什么礼物，就是比较忙记错了而已。

我说:"这是我们应该做的,所有银行都会这样的。"明星说:"那不会啊,我在其他银行的资金比在你们这儿多,也没见他们定期给我发微信、送礼物。"我们听完面面相觑,原来明星这么有钱,只是大部分没在我们这儿啊。明星当着我们的面给那家银行的理财经理打电话说道:"我听别的银行说,经常会送客户一些礼物,怎么没听你们跟我说起过啊。"对方理财经理赶紧说:"其实,我们也有,但是觉得拿不出手。后来一想您粉丝那么多,应该也不缺,所以就没送给您。我们现在就送!"明星说道:"没有没有,就是随便问问。"

明星当然不会计较这些小事,但是应该会有点小别扭,心里的天平也许会向我们倾斜。通过这件事,我认识到,任何人都不会拒绝被关心,任何人都渴望被关注,明星也不例外。不要先入为主地觉得我们过于积极主动去关心别人似乎有点尴尬,只要我们是真诚的,就没有关系,客户只会觉得我们有心了。

第二个例子是理财经理处理一位私行客户 100 元左右退费的事情。客户的总资产在 3 000 万元左右,实打实的高净值客户,因为理财经理刚任职不久,一时疏忽扣了一个不应该扣的费用。这件事情其实不难解决,申请退费就好了,但是客户那天可能因为别的事情心情很差,结果劈头盖脸地把理财经理训了一顿。理财经理一时委屈,心想不就 100 元,至于吗?于是千不该万不该跟客户说:"阿姨您看这样行吗,这 100 元的费用我帮您出。"这一下,彻底把客户气"炸"了。

客户在乎的也许不是这 100 元,而是被关心的感觉。对高净值客户来说,这种被关心、被在乎、被尊重的感觉尤其重要。一些刚入行的理财经理常常会有类似的疑问:客户都这么有钱了,怎么还在乎这点蝇头小利,至于吗?

当然至于。许多时候客户自己消费时可以大手大脚,但是不允许别人觉得自己有钱就被随便糊弄。这个道理虽说很简单,但是现实中许多人似乎总是忘记,反过来觉得客户无理取闹或者脾气太大。这个现象本质上还是每个人都有被关注的内心需求。一次经验交流中,一位理财经理说了一句让我非常震撼的话,"客户请吃饭的时候我都特别小心,宁可吃不饱,也要少点菜,让客户觉得我对他们的钱很在乎,让客户更放心。"

第三个例子是一个朋友分享的亲身经历。2018年市场下跌,他给客户推荐的新基金封闭期结束亏了5%,市场那个时候已经下跌超过10%了。这位客户打电话过来情绪激动,喊道:"怎么亏了,怎么亏了?"他其实挺奇怪,因为这位客户是有一定风险承受能力的。于是他回答道:"因为新基金还在建仓期,所以产品的跌幅其实远小于市场,您不用太担心。"客户说道:"亏多亏少,也是亏啊!"这位朋友继续说道:"没关系,这个产品我是严格按照您的风险偏好和资金量进行配置的,虽然亏了5%,但是其实对您的总资产影响还是比较小的。"电话那头儿突然沉默了,许久才听到客户说:"你说的其实我都知道,资产配置你也跟我讲了好几年了,我也懂,可是亏了就是亏了,你怎么不安慰我一下呢?"

朋友继续跟我说道:"当时我就意识到自己哪里做错了,于是赶紧从理性转向感性，改口道，'阿姨，其实我亏得比您多多了，整体亏了十几个点了。我自己比较激进，买的都是老基金，今年行情这么不好，您这个跌幅就算不跟我比，而是跟我的其他客户比，都算亏得少多的了。'"客户听完，情绪平复了许多。

　　这个例子让我印象很深。我给很多人分享过这个故事，大家的总结都不太一样。有人说，痛苦总是来自比较，治愈痛苦的方法是，展示更痛苦的存在。还有人说，处理投诉，要先安抚情绪，再解决问题。我觉得都对，但是这些都是术，核心还是这一节的主题——有心。我们要采用各种办法，让客户知道：我在认真关心你，因为你把钱给我管，所以我会负责到底。我们任何时候脑子里都要绷紧一根弦，就是：从客户的内心需求和利益出发，从各方面构建我们与客户之间的信任感。这是逻辑问题，不是技术问题。我见过的很多顶尖理财经理，往那儿一坐，口头语言和肢体语言散发出的感觉，就能让客户觉得靠谱，愿意听他讲，愿意把钱放过来让他管。这只能靠一点一点地自我修炼了。

有趣：拉平与客户的差距

　　我们与客户的关系，某种程度上并不平等。甲乙双方的角色，财富、阅历、见识的差距，都是造成这种不平等的因素。但是我们必须拉平与客户的差距，否则我们在客户面前将没有存在感。这里有一个办法，就是要有一技之长，或者说在某个特定领域特别有优势。客户不可能在所有领域都超越我们，我们只要找到一个可以让客户惊叹的技能或者亮点，就可以一定程度上让客户对我们产生钦佩之情，为后续的沟通做好铺垫。

如果我们成为有趣的人，拥有有趣的灵魂，这样能帮助我们与客户对等地交流，或者成为朋友。那么什么是有趣呢？我从身边优秀的理财经理身上总结出以下特点。

正能量

人人都喜欢正能量的人，他们就像阳光一样，能够驱散我们心中的阴霾，客户自然也愿意和正能量的人打交道。如果每天都负能量缠身，一上来就说"姐帮个忙""哥给冲个量"，自然让所有人避而远之。但是，我们总有情绪低落的时候，实在不能时刻保持正能量，怎么办？有时候，只能坚持。

我有一个很好的朋友，是某银行私行的业务明星。她笑起来特别漂亮，眼睛弯弯的，说话声音像铃铛一样清脆悦耳。每次进她的办公室，总让我如沐春风。我问过她："你怎么总是这么开心，就没有不开心的时候吗？"她开玩笑地回答道："我身体不舒服的时候也不会写在脸上啊。"

有一次，她身体不舒服，孩子又发烧送到医院输液，路上因心神不宁又发生车辆追尾，还不止，回到行里发现手下理财经理的一位基金亏损的客户正在柜台采用"喧哗"的方式进行投诉，这一幕恰好被行长看到……总之，祸不单行。

那时我还是基金渠道经理，那天过去拜访她的时候，她正在办公室里趴着，面无血色，握着一杯花茶的手明显看出在哆嗦。

她抬头看到我，有气无力地说了句："要不等会儿再聊吧，今天发生的事儿太多了，有点撑不住了。"我看得出她的眼泪几乎在打转了，我说道："姐，你好好休息吧，我不打扰你了。"

我转身刚想出去，突然迎面来了一位客户。紧接着，我身后传出了铃铛一般的声音："张总！您怎么来了，没提前打个电话，我好准备一下啊……"

"我就是路过，正好想起来换点儿外汇……"

"行，您下次来之前给我发个微信，我提前帮您安排好，也节省您的时间。小李，给张总泡一杯红茶……"

我回头看了一眼，她的声音依旧清脆悦耳，笑容依旧美丽，让人如沐春风，丝毫看不出刚才被一堆麻烦事儿缠身面无血色的样子。

这一幕给我留下了非常深刻的印象，多年以后当我也进入这一行时依然记忆犹新。财富管理归根结底是服务行业，把自己最好的一面呈现给客户是最基础的要求。互联网的大潮再凶猛，技术再先进，用户体验和场景设计做得再好，也替代不了人与人之间面对面交流和由此产生的信任感。

其实理财经理都是"演员"，因为我们都希望为客户呈现一个最好的自己。所以我想感慨一句：理财经理是真不容易。想起一个真实的故事，某银行防抢劫演练，理财经理扮演劫匪，结果一进来就大喊一声："抢劫，请各位贵宾客户趴下。"

幽默感

怎么建立幽默感呢？

最简单的方法是自黑和自嘲。在朋友圈发一张自黑或自嘲的照片，肯定点赞的人很多。因为朋友们会觉得好玩。为什么会觉得好玩呢？因为他们从中获得了优越感。听起来很简单，但是敢于为别人提供优越感的人，大都比较自信。这也是自嘲和自黑很难做到的原因。

还有就是意外感。一句话，如果从 A 到 B 是一种平铺直叙的表达，但如果当我们说 A，听众以为会听到 B 的时候，我们的表达突然变成从 A 到 C，这就产生了意外感。这里的关键在于，A 的铺垫要好，然后转折也要到位。比如我曾经说过一句玩笑话，"一个优秀的理财经理手上，一定沾满了客户资产的鲜血。"

优越感和意外感会带来幽默感，这是我从书里得到的经验。但其实幽默感本质上是一种豁达的生活态度，这跟正能量其实是一脉相承的。这里又可以延伸出另外一个问题，就是自我营销时的坦然。

许多人在自我营销的时候，容易扭捏，不够"舒展"。须知酒香也怕巷子深，如果我们能够做到真正为客户创造价值，那么就有必要坦然地、有技巧地向客户展示，加速建立信任感，巩固个人影响力。

那么，如何自我营销呢？我曾接到任务——研究理财经理如何经营朋友圈。我研究了我的朋友圈，发现有一两个朋友的发文让我很有好感，仔细研究后，总结了一套方法：意思表达不要过于直白，留有一些空间，增加自我展示的信息。

举个例子，我的一个朋友去了重庆悦榕庄，随后在朋友圈发了美图并配文：相较阳朔悦榕庄，我更喜欢重庆悦榕庄的早餐，因为它让我想起了2019年法国的那个清晨。

其实想表达的无非是"我喜欢这里"，但是"拐弯抹角"地增加了这么多信息后，确实容易让人觉得比较有品位，尤其是图片再美一点的话。

但这个度一定要把握好，否则容易引起别人的反感。那么，怎么做才能不被人讨厌呢？其实也很简单，可以在结尾时来个转折，自嘲或自黑一下。如上面的朋友圈可以在文字结尾加一句，"我这一段凡尔赛之后，不知道有多少人拉黑我"，可以让人觉得这人既有品位，又有趣。

回到现实工作中，比如周末公司或者行里安排了培训，过程中大家都会拍很多照片，那我们该怎么发朋友圈呢？文案要正能量，要"拐弯"，要好玩，这个大家可以自己发挥。此处提个问题：你发这个朋友圈是给谁看的？

当然是给领导看，希望领导给自己点赞，"大周末培训这么累，得让领导知道啊"，然后才是给客户看的。最好的效果是领导看了很开心，心想原来这位员工周末还这么用功，以后得提拔一下，客户看了也觉得很开心，心想原来自己的理财经理这么勤奋，而且似乎挺专业的，以后可以多聊聊。

我们为什么要变得有趣，或者让客户感觉我们有趣？因为互联网时代，网点的作用在减弱。效率的提升带来的是对人的需求的下降，我们的竞争对手是"机器人"。我们和机器人或者人工智能比，最容易胜出的是有心和有趣。我们需要争取的是客户觉得面对面沟通有价值，否则一个微信或者一个电话就能解决问题，没必要到我们面前来一趟。我们首先要提升自己的价值，然后有技巧地展示给客户，才能让客户和我们紧密地绑在一起。

坦然自我营销最大的好处是，更加明白该如何理解套路和技巧，也越来越分得清哪里需要用，哪里不需要用。在多年的实际工作中，我学过很多套路和技巧，在后来受邀参加的各种讲座中，我把几个对我影响很大的工作技巧进行了归纳，结果大受欢迎。这些技巧说起来很简单，许多书上也会有，而我更想跟大家分享背后的逻辑和自我训练的方法。

第 6 章

如何获得客户

如何培养赞美的习惯

赞美，是非常简单、非常有效的破冰与沟通技巧。其实，我觉得赞美并不需要学习。"你今天好漂亮""你今天好帅"，这些话大家都会说，所以只要我们能说出口，赞美就完成了。被赞美的人会非常开心，情绪马上就会放松下来。如果我们约见客户，赞美很快会将气氛调动起来，效率极高、成本极低。

为什么呢？根据马斯洛需求层次理论，人类需求的第四层是被尊重的需求。我们都需要被肯定、被表扬，这是人的本性。古语"士为知己者死，女为悦己者容"，讲的也是这个道理。关于赞美和尊重，卡耐基在《人性的弱点》一书中进行了详细阐述。我强烈建议理财经理每隔几年就看一次这本书，随着阅历和经验的丰富，我们的理解与体会也会不一样。这本书堪称是人际关系学的"鼻祖"，值得反复学习。

赞美并不难学，难的是养成赞美的习惯。最开始学习销售技巧的时候，我一直有一个困惑，甚至有一些挫败感：赞美这么简单，不就是夸个人吗，只要能说话就肯定会赞美，但是为什么我不会呢？而且，有这种困惑的不止我一人。原因可能是，谦虚是我们的传统美德，大多数人都比较含蓄，对于别人的赞美我们往往无法坦然接受，而赞美别人时又担心被看成虚情假意、油嘴滑舌之人。所以，要养成赞美的习惯，并不是一件容易的事。

我阅读了很多图书和网络资料，大都是告诉我们赞美很重要、赞美的技巧等。很多内容味同嚼蜡，我们也并不需要花费过多时间深入研究如何正面赞美、如何侧面赞美、如何赞美男人、如何赞美女人。我认为赞美只需要坚持两点：第一是真诚，第二是开口。为了更好养成赞美的习惯，我开发了一个非常好玩的小游戏，多次试验后把它应用在培训中，效果极好，大部分参与者反馈自己茅塞顿开，受益匪浅。

圆桌培训的时候，一组一般是8～10人。首先，要保证每一组的人都互相认识而且有一定熟悉度，这样后续赞美时才能更加顺畅。然后，每一组选一个组长，需要注意的是这个组长最好有一定的特点或者大家都认识。接下来，小游戏开始，我要求每一组的组员，准备两套夸奖词来夸选出来的组长，必要时可以写下来。第一套夸奖词要真诚、真实、有理有据且发自肺腑，怎么真挚怎么来；第二套夸奖词要夸张、肉麻，甚至恶心、虚情假意，怎么浮夸怎么来。大家准备好之后，开始分两轮夸组长，第一轮用第一套夸奖词，第二轮用第二套夸奖词。此处有三个要求：第一，每个人依次夸，不要停；第二，顺序不能颠倒，第一轮结束再开始第二轮；第三，听到谁夸得好或者夸得恶心，千万不要吝啬自己的掌声。同时我非常郑重地提醒各位组长：第一轮，可以信；第二轮，千万别信。

每次从这里开始，整个培训教室都跟炸锅了似的，掌声、欢笑声此起彼伏。组员们发挥聪明才智，第一轮把组长夸得像一只含羞草含苞待放，第二轮则把组长夸得飘飘欲仙。

两轮夸奖结束。首先，我采访组长，问其是什么感受。许多组长表示，"太爽了""仿佛经历了人生巅峰"，也有组长比较"凡尔赛"，说"感觉比较正常，都是事实，不介意再多来几轮"。然后，我又采访组员，让大家选出夸得最真挚或者夸得最夸张的人，并让其当着所有学员的面再给大家"表演"一次。最后，我会以"这种话你怎么说得出口啊？"再博大家开心一笑。

游戏至此，要进入总结阶段了，这才是最关键的地方。这个游戏本质上就是一副明牌，就是要让大家体验一下夸人和被夸是一种怎样的感受。但是，两轮的用意不同。我会再次采访组长，询问觉得第一轮被夸和第二轮被夸有什么区别。组长一般会表示分不出来。我继续问道："我之前明明告诉大家，第二轮是假的，而且有些人还是当着你的面从百度上抄来的，可为什么你还是会觉得很爽呢？"组长说道："可能这就是赞美的强大之处吧。"

这就是这个游戏最核心的地方了。为什么日常生活中有时候我们明明知道对方是阿谀奉承、虚情假意，但还是偶尔忍不住会照单全收？这就是赞美的力量，这个游戏只是在一个宽松的环境中把情境极端化了。

以我自己为例。有一次，我参与这个自己发明的游戏，第二轮的时候，有个朋友淡淡地说了一句，"猫哥，我觉得你侧脸有一个角度特别像梁朝伟。"我当然对自己的相貌有自知之明，而且按照正常逻辑，我应该知道游戏第二个环节大多是"忽悠"人的，但我的第一反应是：你说的是哪个角度？

所以，千万别觉得自己非常理性，这就是人性的弱点。关键在于我们需要体验自己的这种弱点，才能更好地去赞美别人。再次强调，上面介绍的训练游戏，是基于我自己天资不聪颖，不会夸人所设计出来的。目的是更好地让自己开口，而不是放飞自己。

我们都知道赞美对于人际关系是有用的，但我们遇到的问题是培养这个习惯并不容易。我们需要打破社会认同对我们的禁锢，具体来讲有两个方法：第一，像做游戏一样体验被赞美的感觉。作为被赞美的一方，我们基本不会因为第一轮和第二轮的不同而对赞美免疫，所以不用觉得我们赞美客户的时候，对方会觉得我们虚情假意。第二，既然客户不会介意，那么我们介意什么？仔细想想，我们介意的其实是别人的目光和看法。如果客户是A，我们是B，那么我们夸A时，A很开心。那么谁可能会让我们介意呢？是第三方C。C这个时候是冷静的、客观的，如果我们赞美"技术"不高，确实容易引起C的反感。那么很简单，不要让C出现，或者挑选没有C的场合，交流就更加顺畅了。一句话总结，不要当着外人的面赞美就好了，降低自己的社会形象压力。

最后，希望大家能够理解这个游戏的初衷。这个游戏改变了很多人包括我自己。有朋友说以后可以每天早上团队早会的时候互相夸一夸,这一天会神清气爽。我没试过,但是觉得这个提议还不错。

以上,就是我对赞美的理解,以及对养成这个习惯所做的一些努力。

多说一句。财富管理工作是与人打交道,坦白来说,很多时候我们的工作是取悦别人。我们努力工作,努力学习,想把业务做好,但是有时候夜深人静想想,似乎忽略了一些东西,比如取悦自己,取悦家人。如果这些技巧,比如赞美,在帮助我们提升工作效率的时候,能在生活上让自己身边的人开心,也不失为一种劳逸结合,用工作"反哺"生活的方式。如果上面的技巧在工作中真的能够帮助到大家,那么也请大家不要吝啬把这些技巧用在自己最亲的人身上。因为有时候他们的笑容,比客户更珍贵。

如何打开客户的话匣子

我最早学习沟通和 KYC 的时候,培训老师用了一个老掉牙的"老太太买李子"的故事。显然,觉得老掉牙的不只是我,很多听课的同事也有同感,便开始"不正经"地回答问题。培训老师察觉到了这一点,也很聪明,干脆把讲授变成开放式的讨论,让大家发表意见。于是大家你一言我一语开始讨论起这个案例,结果这一次无意中的讨论,让我对 KYC 的理解豁然开朗。从那以后,我坚定地认为智慧永远来自一线,有时候交流比学习更重要,我们需要的不是照本宣科,而是画龙点睛。我对看书和培训要求不高,只要想明白一件事或者理解了一个道理就足够了,剩下的技能培养以后在实践中再完成。

我们先来看这个例子。

一条街上有三家水果店。一天,有一位老太太来到第一家店里,问道:"有李子卖吗?"店主见有生意,马上迎上前说道:"老太太,买李子啊?您看我这李子又大又甜,还刚进回来,新鲜得很呢!"没想到老太太一听,竟扭头走了。

店主纳闷:"哎,奇怪啊,我哪里不对得罪老太太了?"

老太太接着来到第二家水果店,同样问道:"有李子卖吗?"第二位店主马上迎上前说:"老太太,您要买李子啊?""啊。"老太太应道。"我这里李子有酸的,也有甜的,您是想买酸的还是甜的?""我想买一斤酸李子。"于是老太太买了一斤酸李子就回去了。

第二天,老太太来到第三家水果店,与前一天在第二家店里发生的一幕一模一样。

但第三位店主在给老太太称酸李子时,聊道:"在我这儿买李子的人一般都喜欢甜的,您为什么要买酸的呢?""哦,最近我儿媳妇怀上孩子啦,特别喜欢吃酸李子。""哎呀!那要特别恭喜您老人家快要抱孙子了!有您这样会照顾人的婆婆可真是您儿媳妇天大的福气啊!""哪里哪里,怀孕期间最要紧的当然是吃好,胃口好,营养好啊!""是啊,怀孕期间的营养是非常关键的，不仅要多补充些高蛋白的食物，听说多吃些维生素丰富的水果，生下的宝宝会更聪明些！""是啊！哪种水果含的维生素更丰富呢？""很多书上说猕猴桃含维生素最丰富！""那你这儿有猕猴桃吗？""当然有，您看我这儿进口的猕猴桃个大，汁多，含维生素多，您要不先买一斤回去给您儿媳妇尝尝！我每天都在，有需要随时说。"

这样，老太太不仅买了李子，还买了一斤进口的猕猴桃，而且以后几乎每隔一两天就来这家店里买各种水果。

问题来了，第二个店主比第一个店主好在哪里呢？给出选择，不强行推销，挖掘需求，等等，都对。那么，第三个店主比第二个店主又好在哪里呢？KYC，开放式问题和封闭式问题搭配，通过赞美来营造良好的氛围，具备全方位服务客户的工作方法，等等。这些结论都对，但是我对这些答案并不感兴趣。因为这些正确的答案，只是有用的老生常谈，它们只是让人意识到问题，却没有办法让我们培养习惯和能力。

我更感兴趣的是，第三个店主为什么会问出这些问题。有人说，第三个店主口才好，很会聊天，这个我承认。但是我光知道这个没用，我也想变得很会聊天，怎么办？

再回到第三个店主的场景。我们会发现，一系列的对话、一系列的信息和一系列的成交，其实都来自一个词——为什么。

第三个店主比第二个店主，就是多说了这么一句："在我这儿买李子的人一般都喜欢甜的,您为什么要买酸的呢?"这就顺利地打开了老太太的话匣子。

这让我发现,就算我资质愚钝,不是一个会聊天的人,但只要我强行把"为什么"这三个字背下来,用于KYC过程中,大概率就能得到跟第三个店主一样的效果。我还是坚信,学习要遵循"二八法则",最好是想明白一件事,理解一个道理,就能起到六七十分的效果的,这是最有效的,不需要完美主义,这样最节省时间。

针对这个想法,我和几位资深的私行理财经理朋友交流。大家对"为什么"的提炼非常赞同,但是根据一些实际情况也提出了异议。

赞同的是,"为什么"是一个开放式问题,它的目的不是让客户回答是或者不是,而是打开客户的话匣子,畅所欲言。每个人都有表达欲,都希望被倾听,而"为什么"刚好向客户传递了"我想听你说"的态度,可以激发客户的表达欲,而且并不会显得很功利,有"润物细无声"的效果,让客户更愿意多说一些。

异议的是,有朋友提出,"为什么"这个词用得好,但有一个前提,就是不能让客户产生逆反心理。如果第三个店主问老太太:"在我这儿买李子的人一般都喜欢甜的,您为什么要买酸的呢?"老太太回答说:"不为什么,我愿意,你打听那么多干吗?"这个对话估计也就到此为止了。

于是我们进行了更深入的讨论,大家开始基于自己的工作经验，分析在什么样的情境和前提下，"为什么"这个词可以顺利地打开客户的话匣子。一位朋友说，他在一本书上看过一个聊天公式，叫作"倾听与肯定"，意思是只要做到这两点，就能让客户放心地跟我们聊天。联系到实际工作，我一瞬间想到了一个更加简单的聊天公式：yes（肯定）——good（赞美）——why（为什么），最终得到大家一致认可。

这个公式可以在 KYC 过程中循环使用。对于客户的回复和反应，我们要给予肯定（yes），表达方式包括但不限于"嗯""是""了解""这样啊""懂了"，或者加入一些肢体动作，比如点头，身体前倾等，核心表达"我在认真听"，让客户能够安心。这一步之后，我们与客户之间的"温度"适中，但是还欠一点火候。这时就要赞美（good）了，也就是为客户说的话点赞，包括但不限于"厉害""佩服""可以啊"，给客户夸奖以及正反馈。被夸奖之后，客户往往比较开心，就更愿意多分享，而这个时候一句略带好奇的"为什么"（why）就起作用了。

这个公式我跟很多资深理财经理聊过，他们说平时自己就是这样与客户，尤其是新客户沟通交流的，但是从来没提炼过。"yes——good——why"非常适合新人理财经理来自我训练。

我们可以举个例子。

"张姐，过节去哪儿了？"

"去海南了。"

"啊，这么好啊，这一趟很贵吧？"

"还好，提前好几个月订的机票。"

"哎哟，厉害，我觉得您一直特别有规划性，等我想订票的时候都贵死了，所以这次哪儿都没去。不过看您朋友圈，为什么感觉您好像经常去海南呢？"

"我海南有几套房呢……"

这就是一个简单的"yes——good——why"使用案例，很多KYC的过程就在其中了。在给客户做资产配置的过程中，最难的一环就是了解客户的信息和风险偏好，因为这个涉及最终为客户进行配置的合理性和准确性。但是人与人之间毕竟还是有一定的距离，因此与客户聊天的深入程度与舒服程度，决定了KYC的深度。"yes——good——why"公式提供的就是一个窍门，虽然这个需要一定的自我训练，但是应该已经足够化繁为简了。希望这个小公式能让更多的人顺畅地进行KYC。

如何做到理解和包容

打开了客户的话匣子，信息就会纷至沓来，接下来要做的是理解这些信息，并且通过这些信息读懂客户的需求，甚至做到比客户还懂自己的需求。

理财经理一般都会接受KYC的培训，可能会学过KYC九宫格。横坐标是过去、现在、将来，纵坐标是个人、家庭、事业。这个九宫格可以说是我们KYC时非常清晰而明确的方向。这里就不赘述了，我更想结合实践，讨论一下：如何分析客户表达背后的逻辑以及如何自我训练？

第一个层次是信息，就是客户说了什么。这时我们除了自己要克制表达欲，多用"yes——good——why"激发客户的表达欲获取信息，更需要思考客户为什么会说这句话、问这个问题。客户说什么、问什么固然重要，但是我们需要通过这些信息反推客户的思维逻辑，比如基于怎样的习惯或者考虑说出这句话。只有这样，我们才能"穿越"语言的碎片，捕捉客户的逻辑，理解客户的真实意图，甚至帮助客户厘清他们的逻辑。

举个简单的例子，客户问，"债券基金和指数基金有什么区别？"注意，这个问题本身就存在问题。债券基金对应的是股票基金，而指数基金是股票基金的一种。如果按着客户的思路回答，很可能会产生"有理说不清"的感觉，也不能让客户真正理解它们的区别。这个时候我们需要想想，为什么客户会这么问，这个问题反映了客户的什么问题。首先，说明客户知道债券基金、指数基金，应该具备一定的投资经验，甚至可能买过。其次，客户并不知道这两者的区别和联系，而是直接把这两个品种做了对比，说明客户只是一知半解。最后，客户能问出这个问题，说明客户很想知道这些专业问题的答案，但是之前没有人能回答或者回答错误。总之，客户的这个问题，表面上是问产品的区别，但实际上我们需要解决的问题是，客户不知道基金产品的分类，缺乏对基金产品线宏观的理解。

我们可以这样回答客户："基金分为货币型、债券型、股票型、混合型 4 个大类，您说的指数基金属于股票基金的一种。所以您这个比较的范围不对，应该把您的这个困惑拆分成两个问题，一个是债券基金和股票基金的区别，另一个是同属股票基金的主动基金和被动基金的区别。"

这就属于比较有效的互动和回答，不但回答了客户的问题，还帮助客户梳理了逻辑，而不是单纯地、线性地给出答案。站在客户的角度，客户会觉得你非常理解他哪里不明白，而且给了充分的回答。尽管，客户只问了一个小问题而已。

再比如上文客户要求一年获得 20% 收益率还能保本的案例，后来大家复盘时认为其实我们不能要求客户一定按照我们的逻辑走，也不能要求客户的需求一定合理。所谓"存在即合理"，我们不应该纠结于是否合理而需要思考存在的原因。客户有自己的生活经验和人生阅历，这样的际遇形成了客户的思维逻辑和认知框架，最终呈现给我们的就是客户的语言和行为。而我们需要做的不是就事论事，而是应该像福尔摩斯或者柯南一样，把上面的过程反着走一遍。通过客户的语言和行为，反推客户的思维逻辑，有效地理解客户，甚至是对客户形成预判。

接下来，我们来看看如何自我训练。我观察过许多优秀的理财经理，他们谈客户最大的特点是脑子转得快。加之，因为客户谈得多，熟能生巧，客户需求开始趋同，进一步加快了他们对客户的理解速度。那么，如何让自己脑子转得快呢？答案是，金字塔原理。

金字塔原理简单来说，就是二叉树，思维节点不断向下延伸，遍历各种可能性。可以说，金字塔原理是人类思维的外化，人与人之间的差距只在于速度和深度。

那么如何训练自己呢？我总结了两个方法：一个叫强行总结，一个叫过度演绎。这两个办法可以有效提升自己的反应能力和沟通能力，当然也能提升自己的总结归纳能力和敏锐度。

强行总结，指的是对于客户的任何问题，回答的第一句话永远是"我从三个方面来回答您"。为什么是三个方面？《乔布斯的魔力演讲》(*The Presentation Secrets of Steve Jobs*) 中提到，"三角"是一个很强很稳定的结构，归纳成三点也是比较有说服力的数量，少了感觉力量不够，多了又感觉力量分散，三点刚刚好。而且这句话会首先给客户专业的感觉。

其实最开始说完"我从三个方面来回答您"时，哪三个方面我都还没想好，但是我会努力让自己看起来非常淡定，即使内心已经翻江倒海了。有时候为了增加思考的时间，我会假装有微信，先拿起手机看一看，趁这个时间，迅速调动所有的知识和信息储备，以最快的速度先想出第一点，然后一边说一边想第二点和第三点。这个过程听起来似乎有些搞笑，但其实是对自己思维的一种极限施压，把实战当练习，让思考和归纳的速度变快。

为什么这个操作具有可行性呢？因为日常工作中，客户的许多问题是重复的，只要我们日常用心积累，给客户专业又令人满意的回复并不是难事，难的是反应速度，而我们要练的就是这个。

过度演绎，指的是在与客户的沟通中，客户每说一句话，我们脑海里都要铺出二叉树，遍历各种可能性。客户再说一句，我们继续延伸,去掉错误的可能性,保留正确的可能性,然后继续延伸。有时候可能延伸得毫无意义,但是没关系,锻炼思维而已。

举个例子。客户一早过来说,"今天天气真好。"我们脑海里就要反应,"为什么客户会说今天天气好呢?"第一层逻辑就出来了,可能是因为心情好(因为什么心情好呢),可能是随口一说(说明客户性格开朗),也可能是没话找话(客户很愿意照顾别人的感受)。然后客户又说,"最近基金赚钱了,好开心啊。"于是去掉之前两个无效的延伸,剩下"心情好"的延伸——基金赚钱了。紧接着,继续延伸。那些赚钱的基金,是在我这儿买的那些还是在别的地方买的?赚了多少客户觉得开心?要判断这些,可以使用"yes——good——why"模式。"是嘛,您就是福气,有财运啊……"然后继续提问,继续延伸。

久而久之,我们的反应速度会变得非常快,甚至"跑到"客户的前面去。缺点是,在这个能力成为习惯之前,我们会非常累。当年我自己是每天对着第一个过来面谈的客户练习。早上是脑子最清楚的时候,精神相对集中,脑子不怕转,只是谈完一个客户仿佛熬过了大半生。从我自己的经验来说,以这种方式沟通二三十个客户,我们的思维应该就会形成"肌肉记忆",加上信息的重复、客户需求的重复、谈客户越来越顺畅的成就感,慢慢会形成正循环,最终把快速思考和高度提炼变成自己的思维习惯。一旦形成习惯,客户的每一句话都会成为我们理解客户思维逻辑的一块拼图,最终高效地拼出客户相对准确的需求、承受能力和风险偏好。

我见过的几位顶尖理财经理，他们明明和客户不熟甚至是第一次见面，但是聊起来就仿佛是多年未见的好友，大有相见恨晚之感。为什么会这样呢？因为在他们的脑海里，思维逻辑已经像一张巨网铺展开，只待客户的信息进入这张网，各个节点就会迅速调动，一瞬间完成合理、合适，甚至提前的反应。比如，很早之前我陪领导拜访一个超高净值客户，领导之前没见过客户，只是扫了一眼客户的基本信息，就敏锐地想到了几个可能的沟通方向。在和客户闲聊的过程中，领导"无意中"吐槽了一下对自己女儿男朋友的"意见"，瞬间拉近了与客户的距离。还有一个朋友的亲身案例，她第一次去拜访一个56岁的房地产企业家，发现客户正在看人工智能方面的书，而且在书上画得特别细致。她脑海瞬间勾画了多种沟通的可能性，包括企业转型、子女做这方面的工作、股权投资等。但是一个更深的想法在她脑中形成，就是这个年纪的企业家如果还保持如此旺盛的学习力，基本上是缺乏背景全靠自己努力得来的。于是她在沟通中聊到自己如何一边带孩子一边努力成为私行顶梁柱的。这个看似无意的"闲聊"，让客户很有共鸣也很欣赏她的努力，最终迅速建立起对彼此的信任。

为什么我们需要主动去理解客户？因为一切明确需求的背后都有隐性需求，一切隐性需求背后都有认知逻辑。而我们需要搞明白的，就是需求背后的需求，以及需求背后的逻辑。

如何有效地说服

没有人喜欢被说服。我们说的再有道理，另一方也会因感觉被牵着鼻子走而不舒服。在财富管理工作中，尤其是面对私人银行客户，这一点更加重要。客户都是在各自领域有建树的高净值人士，必然被许多营销人员围绕。那么，我们如何更好地说服客户呢？

这个问题曾经困扰我很久，直到一次无意中看一部精彩的老电影——杜琪峰导演的《龙城岁月》，我豁然开朗，于是总结了有效说服的三个步骤。电影中任达华饰演的老大阿乐说服古天乐饰演的小弟吉米的过程，我们来复盘一下。经过一系列争夺，小弟吉米最终手握帮派信物龙头棍，而拿到龙头棍则是老大阿乐成为新任话事人必须要完成的最后一环。这个时候"谈判"开始，小弟吉米明确表示交出龙头棍的条件是，新任老大阿乐为自己的大哥报仇。而对于老大阿乐而言，报仇会影响帮会团结。这时，老大阿乐要说服小弟吉米，别想着报仇，把龙头棍老老实实交出来得了。于是就有了下面的对话。

老大阿乐说："你交棍出来，为帮会立了功，我保证你以后平步青云（正）。你不交棍，我就赶你走，不能留在帮会也不能加入其他帮会，赶尽杀绝（反）。"

听罢，小弟吉米有一点犹豫。

接着老大阿乐又说:"没有谁跟谁过不去,时代不同了谈的都是生意。行走江湖不用脑,一辈子都只能当小弟(谈价值)。"

这时小弟吉米内心的天平已经倾斜,但是还差临门一脚。老大阿乐继续跟进,放低姿态,给足面子说:"这两年我是话事人,给我点面子。以后你做什么不关我事,帮我这一次。"

以上涉及三个部分,也是我总结的有效说服的三个步骤:第一,做,有什么好处;第二,不做,有什么坏处;第三,谈价值,升维,最后降维打击。老大阿乐与小弟吉米谈判使用的就是非常典型的三步推进。

我思考过为什么采用这个流程会比较容易说服。首先,每个人都是趋利避害的,而第一和第二个步骤完全顺应人性,直接给你展示"利"和"害",让你对比。只要你权衡,就意味着你的心动了。这个时候不需要继续比较,而是要谈价值:你以为我们是在谈利弊?不,格局太小了,其实我们谈的是人生。回过头来再看老大阿乐的最后一句话,是典型的谈价值:"时代不同了谈的都是生意。行走江湖不用脑,一辈子都只能当小弟"。

如果没有对利弊的权衡直接谈价值,会让人觉得"假大空"。只有让对方先在低维度纠结,谈价值之后的降维打击才更加高屋建瓴,撼动人心。

说服是我们日常营销工作中最重要的部分。我之所以把说服放在如此重要的位置,是因为我一直觉得财富管理行业尤其是在与高净值客户的互动中，更多应该是一个达成一致的过程，而不是一个销售的过程，这是与其他行业销售最不一样的地方。这个认知非常重要。我学过很多销售技巧，但是在实践中总觉得过于"技术流"，实用性不是特别高，反倒是学习的一些谈判技巧，在关键时刻发挥了重要作用。建议理财经理可以看一些谈判类的书，应该比看销售类的书收获更大。比如上面提到的三步说服，销售技巧的书鲜有提及，倒是谈判的书经常有类似的表述。另外，谈判学还有一些重要的概念，比如锚定、标注、同频、重复等技巧，都是财富管理工作中非常实用的。或者说，如果我们把财富管理的销售看作一种谈判，那么很多日常与客户沟通中遇到的问题，都能迎刃而解。一旦建立这个认知，"轻舟已过万重山"。

当然，很多朋友会觉得，我们日常就是销售类工作比较多，如何快速提升自己的销售技巧呢？

在我学习销售的过程中，有一个理念让我受益匪浅——特征转化为利益。这句话说起来简单，但大部分人并没有深入理解。电影《华尔街之狼》（*The Wolf of Wall Street*）的结尾，主人公出狱后举办讲座，拿出一支笔说，"把这支笔卖给我"。场下的学员说，"这支笔很漂亮，很耐用，我很喜欢这支笔，也很适合你"。这就是大部分人的逻辑——卖特征。而在电影中，同样的问题主人公问过他的一群小混混朋友。其中一个小混混说，"你在纸巾上写个字"。主人公说，"可是我没有笔"。小混混示意了一下，表示我有。

这个情节对我有着莫大的启发。我们可以观察一下周围的销售人员，不管是卖菜卖房，卖车卖货，卖保险或者卖基金，绝大部分人都是在卖特征。基本套路是，这个东西是什么，这个东西怎么好，所以你应该买。这里最大的误区是，人们购买的本质不是因为有这个东西有多好。再好的东西，我不需要，我也不会买。提供利益，满足需求，这才是销售。这里跟卖什么没有关系，只跟两件事有关：第一，能否挖掘出客户的需求；第二，你有什么可以满足这个需求的利益。这意味着，排除特定领域的专业知识，销售其实是共通的。卖菜阿姨说服街坊邻居买白菜的话术，可能比我们整理的基金保险话术更直抵人心。

总之，普通销售的逻辑是——因为我好，所以你应该买；顶尖销售的逻辑是——因为你需要，所以你应该买；因为我懂你，所以你应该在我这儿买。

为什么大多数人一直在卖特征，而不是在卖利益呢？因为卖特征比较简单，是"我"所理解的，是"我"所看到的，一切都是从"我"的视角出发。卖利益，则需要换位思考客户到底需要什么，我们的产品哪方面能够满足客户的需求，甚至是客户不愿意说出来，需要我们去捕捉的需求背后的需求。换位思考，说起来简单，做起来太累。放下"自我"的执念太难，按照自己的想法走而不是按照客户的想法走，很轻松。站在客户的角度考虑问题，为客户创造价值，这个话说起来很漂亮，但是做起来很难的原因，就在于此。

以上的原则和逻辑，在财富管理实务中还有一个专有名词叫作"FABE销售法"。F代表特征（Features），即产品的属性、特点等最基本的功能，重点解读这个产品是什么。A代表由这些特征所产生的优点（Advantages），即F所列的产品特性究竟发挥了什么功能，向客户诠释清楚这个产品到底怎么样。B代表这一优点能带给客户的利益（Benefits），即A产品的优势带给客户的好处，基于利益点的销售已经成为销售的主流理念，一切以客户利益为中心，通过强调客户得到的利益、好处来激发客户的购买欲。E代表证据（Evidence），包括产品奖项、技术报告、客户来信、报刊文章、照片、示范等，证据具有足够的客观性、权威性、可靠性和可见证性。

FABE销售法简单来说，就是找出顾客最感兴趣的各种特征后，分析这一特征所产生的优点，找出这一优点能够带给客户的利益，最后给出证据，证明该产品确实能为客户带来这些利益。

为什么FABE销售法在财富管理领域如此重要？因为客户对金融产品的理解程度和我们相比实际是存在较大差距的，客户很可能无法像我们一样理解各类投资产品，因此我们需要化繁为简地向客户介绍这个产品是什么。即便客户很容易理解的卖点，我们仍然要强调它的好处是什么，不要指望客户会自己去联想产品的好处。理财经理首先需要设计完成产品功能、转化产品利益的流程；然后，积极引导客户通过这个产品功能获取利益，并使其相信；最后，我们可以拿出有说服力的证据来证明，取得客户的信任。

如何运用FABE销售法进行实战？

我们可以记住以下句式：这是……（F）；它可以……（A）；

对您而言……（B）；您看……（E）。这是 FABE 销售法的常用句式，可以将销售变得更加简单。

FABE 销售法的重点依然是将产品特征、功能、优点转化为客户的利益。

1. 客户需求原则：基于客户需求，将特点和优点转化为客户的利益点，激发客户的需求，并向客户传递产品能够满足需求的信息。
2. 利益具体化原则：将客户可获得的好处，具体化、数字化地向客户展现。
3. 利益情景化原则：通过情景化的展现，让客户憧憬产品会带来的好处。

最后，临门一脚，快速跟进。理财经理在介绍完利益后，建议马上进入见证环节，以起到趁热打铁的效果，按照借助事实和数据的原则，可以借用第三方案例销售情况让客户对产品提升信任感，最后达到认购的效果。

综上，有效说服是我们日常工作中最重要，但是往往没有被拎出来单独讲的一个环节。希望以上的讨论能够为大家提供一些参考。

如何主导与客户的沟通

多年前有一次客户来行里换私行卡，这个客户我只加过微信聊得也比较少，于是我就问客户来行里的时候能否抽空聊聊。客户很客气地说："哎呀，不好意思，那天下午还有个比较重要的事儿，咱们聊 10 分钟吧。"我说："行。"

事实上，那天下午，我跟客户聊了将近两个小时。客户开开心心地走了，我却陷入了沉思。客户明明没事儿，偏偏说有事，本质上还是因为一开始并没有觉得能够聊出什么有价值的东西。我并没有因为逆转了客户的预期而自满，而是好奇自己到底是怎么聊的。很多时候我们做事情靠的是本能，只有提炼出来看清楚自己做对了什么，才能形成习惯让自己更加进步。结合一些优秀理财经理的经验，我总结了一些主导与客户的沟通的技巧。当然，这些所谓的技巧其实也是被逼出的，许多高净值客户的时间很宝贵，一旦给你机会说几句但发现没什么价值，可能你连下次见面的机会都没了。

与客户的沟通，本质上是有效信息的输出或者交互。之前我说过，所谓的专业，就是有效信息量大。客户在特定领域的信息量少于我们，沟通中不断能得到有价值的信息和建议，自然会对我们产生信任，并有强烈的兴趣与我们继续沟通。所以，主导与客户的沟通就是要把握三点：第一，客户知道的，尽量不说；第二，客户不知道的，尽量多说；第三，客户想知道的，要一直说。

说客户知道的信息，对客户而言，意味着跟我们交流毫无"营养"，听到的全是废话，时间白白浪费了。说客户不知道的信息，能够最大限度地吸引客户。毕竟每个人都有好奇心，能引起我们好奇心的，一定是一些我们不知道的东西。每当接触这些信息,我们本能地会竖起耳朵,而这正是我们可以主导沟通的关键。客户想知道的信息,是我们能够为客户创造价值的地方,也是客户可以直接受益的地方,客户当然会聚精会神地听我们的想法。

以上这些道理,听起来都对,但是关键问题是:我们怎么才能知道"客户知道什么""客户不知道什么""客户想知道什么"?行文至此,我最想分享的一个思考就在这里。主导与客户的沟通的不是天花乱坠的口才,而是思维。这一节想表达的不是如何说,而是如何搜集信息。

信息爆炸时代,我们每天都会接触大量的信息。哪些信息是有效的、重要的?上面提到的三个沟通要点,就变成了我们评判信息有效性的标准,即客户知道的就是无效信息,客户不知道的或者感兴趣的就是有效信息。这三个沟通要点可以帮助我们快速屏蔽无效信息,吸收有效信息,以便日后与客户沟通。

《投资最重要的事》(*The Most Important Thing Illuminated*)的第一章开宗明义,对于投资,我们需要建立第二层次思维[1],市场共识必然已经计价(price in)[2],我们只有超越共识也具备第二层次思维,才能获取超额收益。与客户的沟通也是一样,面对纷繁复杂的信息,我们需要挖掘客户不知道或者对客户有意

---

[1] 霍华德·马克斯在《投资最重要的事》中把超越市场平均水平所必需的与众不同的思维称为"第二层次思维"。——编者注
[2] 指某些消息已经被市场消化而导致的价格不动或反弹。——编者注

的信息，才能为客户创造价值。

总的来说，所谓客户不知道的信息，就是两个方向：一个是更深，另一个是更细。前者需要我们在与客户面对同样信息的时候，给出更深层次的认知，客户才能真正地从我们这儿获得价值。后者用现在比较流行的词语"颗粒度"来说，就是我们要比客户知道得更细致，颗粒度更小，才能凸显我们相较客户更高的认知维度，进而获得客户的信任。

这里又存在一个道和术的问题。所谓"道"就是我们要真正地提高自己的认知、信息储备、知识框架。但这毕竟是一个漫长的过程。有时候我们需要帮客户解决的问题，未必一定需要如此深厚的功力，比如卖基金、介绍保险产品，可能只是只字片语之间，让客户可以信任我们即可。我们也可以从"术"的层面，来练习如何主导与客户的沟通。

我曾经在互联网平台直播了大半年，深刻地感知了理财小白的特点，其中最大的一个特点我称之为"宏大叙事"。专业能力越欠缺的人，关注的东西越宏大。消费怎么样，军工怎么样，新能源怎么样，半导体怎么样，国际形势怎样……至于估值和企业盈利如何，产业政策情况怎样，景气度变化了没有，流动性边际有什么区别，这太复杂了，这些跟赚钱有关系吗？倒是 K 线比较容易接受，看着"老师"随便画几条线就能判断出未来的涨跌，感觉发财也没那么复杂。

用上面提出的概念总结，影响或者说服客户的办法就是比客户认知的颗粒度更细，甚至有时候只要细那么一点点就足够。这个办法尤其适用于应对似懂非懂、一知半解的客户。这类客户往往知道但知道的不多,能提出问题,但是往往又因为本身缺乏逻辑而人云亦云,问的问题都不在点子上。这个时候,从根本上梳理客户的逻辑太麻烦,最简单的方法就是知道原因后对症下药。举个例子,2020年年底,客户说新能源估值高。这个时候我们需要明白,客户到底是想买还是不想买,到底是跟我们辩论还是有别的想法。那这个时候就问一下,您怎么会觉得新能源估值高呢?是哪个板块哪个产业链的哪只股票高,多少算高呢?结果客户说,最近看了几篇文章。那这个问题就好解决了,宏观层面,我们可以跟客户聊聊排产、渗透率,客户应该不知道这些;微观层面,我们再聊聊产业链里面做隔膜的或者上游做锂矿的,基本上客户就对我们产生了信任,沟通的主动权和影响力自然倾斜到了我们这边。

上面的这个例子,我想表达的核心是,我们不能停留在和客户同样的信息或者认知维度。但是要做到这一点,我们需要持续搜集信息、分析信息、学习信息。说到底,这是一个知易行难的旅程。

如何更好地表达

投资是认知的变现,认知的深度,决定赚钱的数额。同样,表达是思维的变现,思维的深度,决定表达的程度。我一向认为,提升表达的关键不是在说,而是在想。

我对"如何更好地表达"这件事还是比较有发言权的。小时候我一直口吃，直到高中才慢慢变好。我看电影《国王的演讲》（*The King's Speech*）时非常感同身受。口吃最难解决的是负循环。因为口吃，所以害怕公开表达，越害怕公开表达，就越难以得到锻炼，也就越恐惧表达，最终进一步加重了口吃。怎么办？只能反过来，战胜恐惧。这话说得轻描淡写，我们都想战胜恐惧，问题是怎么战胜。我们不会对蚊子恐惧，因为可以将其赶走。战胜恐惧的办法是，形成"碾压式"的自信。具体的办法有三：一是"寻找落差"，二是"直抒胸臆"，三是"设计节奏"。

寻找落差，指的是我们可以降低标准和要求，寻找更简单的表达场景，比如给小朋友念童话讲故事，跟爷爷奶奶们唠家常，用这样的方式来增加自信。对于普通人来说，不用做得这么极端，更多时候我们面对的都是相对正常的情境，那么落差的产生就必然来自思考、提炼和准备的充分程度。简单来说，表达需要 1 分，我们就准备 10 分？不，要准备 100 分。这才是落差，才能让我们游刃有余。

直抒胸臆，指的是我们要直率地说出真情实感。我们对家人亲人表达爱意一点都不紧张，《国王的演讲》中乔治六世被激怒后骂得特别溜，这就是在表达自己最真实的情感和认知，所以不会口吃更不会恐惧。这意味着如果我们想说得更好，就一定要"走心"，说自己想说的，说自己真正思考过的，而不是背稿子，照本宣科。

设计节奏，这个部分需要展开说一下。很多口吃的人，唱歌是不口吃的,主要原因是节奏。节奏就像过山车,只要你坐上,不管害不害怕,就是一路向前。在口吃好了之后的十几年里,我面临的是相反的问题,就是语速快,等于是从一个极端进入了另外一个极端。2020年年初刚开始做直播的时候,这个问题到了不得不解决的地步,因为不但要让观众听得懂,还得跟得上。于是我设计了一个方法,就是多用手势。看的人可能觉得我充满激情,很有感染力。实际上我是在用手势模拟太极拳的节奏,牵引我的语速慢下来。

节奏的另外一个含义是内容设计。我们需要清晰地知道在哪个位置讲哪个要点,听众的反馈会好,然后提前做好安排。这个技巧可以帮助我们在表达过程中不断地增加自信,从而让表达越来越精彩。这是变魔术教给我的。魔术不是小把戏,再简单的近景魔术也是一场完整的表演。学习魔术的时候我发现,原来魔术的每一句话每一个动作都是严丝合缝的,所有的轻描淡写都是精心设计的。观众所有的反应都要计算在内,魔术师永远要领先观众。以魔术表演的标准来准备演讲或者路演,意味着我们要知道观众希望看到什么,哪个内容观众会觉得意外,哪里需要加一句话点睛一下,哪里需要先抑后扬。这就是所谓的节奏。

以上就是我对于提升表达时自信心的一些小技巧。当然,战胜恐惧除了构建自信之外,还有一个方法是抑制恐惧本身。我们深入挖掘一下,恐惧表达到底恐惧的是什么?是出丑,是被嘲笑。为了避免这种情况发生,所以我们要做充分的准备,我们要自信,但是反过来说,出丑和被嘲笑有那么重要吗?或者说,我们是不是过于自以为是？事实上很多时候，我们表现得好坏没人记得住，不用过于给自己太大的"偶像包袱"。我自己出的丑多了。2020年刚开始直播时，第一次直播节为了抢流量，半夜12点的时段突然空出来，我们决定拿过来播。当时已经晚上10点多了，我从床上硬爬起来去了公司，播到1点多的时候有点困了，但还是强打着精神正常播完。结果第二天自媒体截了直播间里一头白发的我耷拉着眼皮快要睡着的图，配文是"公募都卷成这样了"。当时这个事儿在领域内还挺"出名"的，但是两三年过去了，谁还记得？没人会记得。持续不断的好或接二连三的坏，才能让人有点印象。更何况大家都是在各自的圈子、公司或者单位公开表达，怕什么，告诉自己"没人记得"。

接下来分享四个基于我多年经验的表达方式，效果立竿见影。

系统式表达

系统式表达的意思是，永远以"全貌的"方式来沟通，给听众地图，而不是只给听众地址。任何的点、线，都是在一个平面上。面对未知，或者置身一片新的领域时，大多数人会战战兢兢，这是人之常情。所以，任何时候说明一个问题，一定要先铺一个地图，让客户看到全貌，才能让听众在潜意识里更放心，也更容易接受。不要让客户觉得自己在盲人摸象，不然客户内心深处总会觉得我们在藏着掖着。

家族信托有什么用？这是一个很典型的线性问题。不论是面对客户的提问,还是做一次专门的路演,我倾向于先"画"一个金字塔地图:财富管理两个部分,一个是投资理财,一个是保障传承;保障传承里面包括保险和信托。基于这个"地图",我们再来谈家族信托有什么用。听众不用担心迷路,也不用担心我后续有什么企图,比如引导你做这个做那个,不用防着我,一切都是明牌,我主动都摊开给你看。

比喻式表达

把专业的金融知识化繁为简,让更多的人听得懂,打比喻是一个比较好的方法。比如,把纯债比喻成素菜,把股票比喻成荤菜。我们把专业的鸿沟,以生活化比喻作为桥梁建立连接,让客户有个直观的印象后,再进行专业的解析,客户的接受度就会好很多。

打比喻谁都会,只要你愿意,只要你联想,总能够找到合适的比喻。那么问题来了,既然这么简单,也就意味着把一件事说明白并不难,为什么我们还是会觉得很多人讲东西特别复杂,甚至讲不清楚呢?我觉得主要是表达者自己并不懂,或者理解不深,自然没办法触类旁通。或者表达者认为听众懂不懂跟自己没关系,反正走过场完成任务就可以了。要把一个东西讲明白太累,讲明白了又和我没什么关系,那为什么还要花时间去思考、提炼,去想怎么打比喻?简而言之,比喻式表达的关键在于形成习惯,把客户能不能听得懂放在心上,发自内心地尊重听众,仅此而已。

提炼式表达

这里指的是我们要随时总结。听众的注意力未必一定会按照我们的期望一直保持集中，我们也未必有能力输出的一直都是干货。这时随时总结可以既给听众重新"上车"的机会，又能降低听众的接受压力。同时，作为听众，理解是需要动脑的，动脑就是累的。随时总结相当于让客户既能接收到我们想传递的信息和内容，又能"自动"地在脑中生成结论，效率高又舒适，客户自然愿意继续听下去。不好的表达就像粗茶淡饭，不用心做不好吃也就算了，还冷冷地扔到客户面前说："来吃吧。"好的表达就像是一顿精心烹饪的佳肴（系统式表达），不但好吃，我们还贴心地给客户喂到嘴里（比喻式表达），而且随时给客户打葡萄糖输液（提炼式表达）。

童话式表达

小时候，我们读童话，往往通过一个简单的故事，得到一个深邃的道理。长大后，我发现原来说服别人有个好办法叫作谈价值。所谓童话式表达，指的是我们需要为客户传递信息，总结知识，如果有可能，最后还要上升到更高的价值层面或者分享智慧。这种表达一般可以用这样的句式："今天我们跟各位分享的是123，但本质上，我们讨论的是ABC……"。这里的123是表象，是现实；ABC则是升维到另一个高度，是理念，是智慧。比如，我们今天跟大家分享的是如何做基金定投，但本质上，我们讨论的是面对波动如何战胜恐惧；我们今天跟大家分享的是家族信托的概念，但本质上，我们讨论的是如何用穿越周期的制度来规范难以穿越周期的人性；刚才跟您汇报了一下您持仓的几只基金过去一段时间的表现，虽然净值有一些回撤，但是因为您买得早，持有时间都挺长的，盈利的"安全垫"比较厚，所以影响不大。有句话说得好，投资是认知的变现，只要您理解长期投资和资产配置的价值，财富增值就只是时间问题。

有句话说得好，真理固然稀少，却总是供过于求。智慧总是以很简单的形式存在，而我们未必一定要生产智慧，我们可以做智慧的搬运工，也能够给客户带来价值。关键在于我们是空泛地讲大道理，还是以小见大。

最后，分享一件对我影响比较大的事情。我 PPT 一直做得还不错，尤其是刚参加工作那会儿，经常帮朋友美化 PPT，梳理表达逻辑。升职加薪、工作汇报、商务路演，一份精美的 PPT 都是刚需。把优秀的思想和经验转化成 PPT，本身就是一个学习的过程，在这个过程中我也受益良多。记得一次我对一位非常敬佩的领导说，"我 PPT 做得很好，如果需要您随时吩咐我。"那个领导说，"我从来不做 PPT。"看我一脸不解，他继续说，"三句话解决问题的事儿，为什么要做 PPT？"我说，"可以更生动嘛。"他反问，"解决问题为什么要生动？解决不了才顾左右而言他。"我说，"那 PPT 和 Word 就没差别了。"他说，"是啊，一页 Word 足够了。"我说，"Word 看起来太枯燥。"他说，"那是因为你写的都是废话。"

严格来讲，我们说的是两件事，但是并不妨碍上面的对话给了我莫大的启发。"锋利"的思维，可以划破所有浮华的表象，直抵人心。这也是我后来一直坚持"化繁为简"的原因。首先，化繁为简是对客户的尊重，因为我们在想尽办法让客户理解。其次，化繁为简会节约客户的时间。最后，化繁为简可以让客户看到，我们是能够消解复杂的聪明人，放心把钱交给我们。

　　回到本节伊始，表达是思维的变现。腹有诗书气自华的自信，来自不断的实践、学习和思考。只有体验了茅塞顿开那一瞬间的快感，我们才能更好地把这样的快感传给客户，这才是表达的意义。

第 7 章

理财经理如何保持精进

明确提升的路径

理财经理的日常工作有一个悖论,就是变与不变。不变的是工作内容以及日常流程,每天都是一样的。变的是我们面临不同的环境,尤其是资本市场。这会带来两个问题:一个是,如果每天的工作内容都不变的话,很容易产生"做一天和尚撞一天钟"的倦态;另一个是,如果关注的东西每天都在变化,在专业上就总有一直追不上的感觉。实际上,财富管理的本质和金融学的基本原理从来就没有变过,真正一直在变的是我们自己。关键在于我们是否真正思考过财富管理这个工作:它的本质到底是什么?我们每天接触这么多变化,是否有一个万变不离其宗的东西?我建议很多刚入行的理财经理多问一些为什么。比如,为什么财富管理这么火热?哪些金融学的原理是自己忽略的?想不明白的问题,我们是否可以在书里找到答案? 10 多年的从业经历让我觉得在书里越来越能找到答案。所以,我们更应该做的,是去溯源。

如何在看似重复的工作中快速精进呢？首先，利用复利思维和时间价值。金融从业者对复利应该是很了解的。所谓复利思维，简单来说就是每天进行自我迭代，与原来的自己每天有不一样的地方。既然我们每天干的事情是一样的，那么能不能明天干的事情比今天干的多一点点？这就像很多喜欢健身的朋友做卧推一样，初始的目标不大，但是每天比前一天多做一两个，坚持下来，力量也会有非常大的变化。虽然我们每天的工作都是一样的，但当每天都能自我迭代，哪怕只有一点点进步，即使短期看不出变化，但长此以往，我们就会变得非常厉害。好像一个武侠小说的主人公在深山老林拜绝世高手为师，十年练剑早已觉得稀松平常，下山之后才发现一身本领已天下无敌。这一切的核心是，我们得有意识地每天去练，练到我们习以为常，草木皆可为剑，练到像杨过一样每天晚上在寒冰床上睡觉都能增进内功，练到形成自己的框架之后，任何简单的信息经过大脑都能成为工作的素材。

为什么花同样的时间，有的人成功了，有的人还是毫无进步呢？问题就出在是否动脑。我常说，动脑才是体力活儿，直接背话术、念稿子去营销客户，看起来一天的工作很累，但这只是体力上的累，睡一觉就好了。真正的累，是去想每一天的变化到底是什么。以银行一线支行为例，你每天思考哪个指标要完成、怎么完成，比闭着眼睛闷头干要累得多，但前者的价值显然远大于后者。不要用身体上的勤奋去掩盖脑海里战略上的懒惰。

另外，动脑容易让人陷入痛苦。遇到问题反思一下，一不小心就会自我否定，觉得自己这也没做好，那也不行。许多人也就放弃了。多年以来，我发现人的思维分两种：一种是不习惯动脑的封闭型思维，另一种是总在动脑的成长型思维。面对失败，封闭型思维的人可能会说，"怎么可能，不是我的问题，我怎么可能会错，我不听。"成长型思维的人可能会说，"好吧，我又学到了。"

日常工作中，我们经常会看到以下五种人。

1. 什么也不想。推一步，走一步，没有反馈，没有想法。
2. 想不明白。这个是方法问题，非常容易解决，只需要经验丰富的前辈指点一下或者深造一下，顿悟往往来自一句话、一件事或者一本书。
3. 能想明白但不去想。这种人多是手握好牌，却总是郁郁不得志，原因还是在于思维封闭、自以为是，不敢面对失败，智商高、逆商低而已。
4. 能想明白但不去做。这里的核心是选择的问题而不是人的问题，人各有志，选择自己舒服的方式最重要，也算是一种通透。
5. 能想明白然后去做。

是否动脑的本质，是我们到底应该以一种什么样的状态去面对并参与这个世界。进化是很辛苦的甚至是很痛苦的，痛苦到许多人甚至意识不到需要进化。当世事的磨砺让我们愈发成熟，当无数的历练让我们开始从容不迫，当一只只"黑天鹅"让我们学会敬畏，我们需要明白，我们还有很长的路要走，我们都局限在自己的生活和事业中，还远远没有看遍这个世界。其实我们并不用万里归来，因为我们一直在路上，还是要多一些"少年感"。

那么，如何解决在日常重复工作和动脑的过程中，遇到的这种又累又痛苦的问题呢？我的经验是，尽可能找到满足感。比如，经常有人问我，"你的文章写得真是挺好的，而且一直在坚持，原因是什么呢？"说实话，我平日工作很累，还要花时间去想、去写，如果稍微倦怠一点儿的话，还真写不出来。后来我找到了一个能够强迫自己坚持的方法，就是"虚荣心"。每当看到后台很多留言说，"猫哥，你好厉害""猫哥，我要向你学习"的时候，虽然我知道自己水平没那么高，但是毕竟人总是爱慕虚荣，感觉还是很不错的。所以，在工作重复性高或者很累的时候，我们可以适当地"催眠"一下自己，想办法去满足自己的虚荣心以提高满足感。

接下来，我们再聊聊专业能力的提升。一个人专业能力的提升，需要经历几个过程。一开始从事一份工作的时候，我们不知道自己不知道什么，但是自信心是"爆棚"的，这是一件非常可怕的事情，老话讲就是"无知者无畏"。随着翻越愚昧的山峰之后，我们开始知道原来自己有这么多不知道的事情。这个时候其实对我们的自信心打击非常大。举个例子，刚开始卖基金的时候，市场比较好、业绩冲得非常好，我们会觉得自己很擅长这些，感觉自己很专业。但随着市场波动，我们会突然发现原来跟客户讲的那些话好像不对，自己原来的认知好像也不对。尤其是客户的抱怨袭来，这时候我们开始恐慌，开始怀疑自己。这个过程我是完整经历过的，对自信心的打击特别大。在经历了绝望之后，我坦诚地接受自己的平凡甚至无能，最后慢慢走上了开悟的道路，理解资产配置的宝贵。大多数人都会经历这么一个过程，我觉得越早意识到越快经历越好。

从理财经理的职业生涯来讲，如果刚入行的时候赶上了牛市，比如2017年或者2020年，你会感觉做什么都很顺，卖什么客户都挣钱。结果到2018年或者2021年就发现市场跌了。没事儿，忍一忍吧。结果越忍，市场越跌，结果在最绝望的时候，发现突然市场又涨了。涨的时候追吧，市场马上又砸下去了。在几经波折之后，不愿动脑的人会随波逐流，反正卖就是了，别太苛责自己，于是随着时间的推移不会有任何进步。而喜欢动脑的人会越来越痛苦，因为有太多的疑问，一定要弄清楚个所以然。于是随着时间的推移，进步就会越来越快，与别人的差距也会逐步拉开。

有时候我们需要避免应激反应，比如有的人刚入行就遭遇了"债灾"或者产品"踩雷"，于是发誓这辈子再也不卖固收产品了，或者刚入行就碰到千股跌停，被客户骂怕了，于是发誓这辈子只卖理财。这些都是"非黑即白"的选择结果，我们需要通过努力回到正常的轨道上来。

在实践方面，如何提升专业能力呢？

第一，读书，别无他法。不过对于读什么、怎么读，我倒是有一点经验。我最建议读历史，这个历史指的不是历史书，而是能够丰富我们时间维度的内容。时间不可逆，成长的路径也不可复制，但是我们可以通过读历史，来丰富自己的经验。这一类书包括《激荡三十年》《基金》或者一些资本市场复盘类的书。这些书可以让我们经历一些我们没经历的事情，然后想象一下，在那个历史节点，自己可能会怎么想、怎么做，慢慢不再恐惧波动，去适应波动。

第二，自己书写历史。就是写文章把自己的思考记录下来，然后不断地在周期中去验证。这样在遇到问题的时候，就可以不断地回顾自己的这些经验。一位顶尖私行理财经理朋友，坚持写了10年的周报。随着年龄的增长、事务性工作的增加，开始变为写月报或者季报，汇总自己的思考和与各家机构的交流，并且常年做自己的模拟组合。我无法表达当他打开文件夹，密密麻麻以时间为标题的文件出现在我眼前时的那种震撼，只觉得每个人的成就背后都是无数的血汗。有一次跟他聊近期的经济情况，他随即说道最近的经济环境和历史上的哪些年比较相似，当年我们做对了哪些事，做错了哪些事。我一方面是惊叹他的信息丰富，另一方面嘴硬说，历史不会重复。他的回复我到现在都还记得，他说，"历史最大的作用是可以让我们了解底线和回归常识，遇大事有静气，让我们可以知道事情在什么范围内发展，知道坚持什么，从而更有底气去面对未来的不确定性。"

第三，有意识地构建认知体系，越早越好。认知体系是我们理解一件事情的逻辑。这本书的内容就是我自己对财富管理的认知。许多重要的理解基本上都是一句话，比如财富管理的初心是为客户创造价值，资产配置的起点是资产，客户追涨杀跌的本质是没有打开金融产品的"黑箱"。这些认知虽然听起来很简单，但是我花了数年的时间去探索的。有了认知体系，许多问题都会有系统性的答案，而不是只言片语。当然，我的认知未必正确，也一直在丰富，但是有认知体系总比没有强。比如还有人笃信基金定投的力量，于是任何市场的波动都会在这个认知体系内转化成坚持定投的理由。认知体系就像一把刀，不管锋利还是钝，先得有，然后才能慢慢磨。如果没有认知体系，每天各路信息就会变成噪声，各种机构的路演就变得真假难辨，各种策略就变得云里雾里。信息无法转变成经验，时间只会白白浪费。

我对新人的要求，一般都是前3个月尽可能加班加点，在最短的时间内基本掌握工作重复的部分。这个时候动脑没什么用，因为时间太短，工作内容还不熟悉。接下来的3个月一边做一边总结，在第5和第6个月的时候，给我提交一份书面材料，说说自己是怎么系统性地理解这个工作的，是什么、为什么、怎么做才能做好。这个就是认知体系，可能比较浅显、不成熟，甚至不对，没关系，先有再说。再往后的3个月，做事之前先说。根据自己的认知体系，做之前先生成一个判断。不要凭本能做事，要靠逻辑。第9个月再提交一份书面报告，对之前的认知体系做修正。最后到1年的时间，完成新人的蜕变。

提升的路径清晰了，接下来是快慢的问题。

慢，就是快

我曾问一位业绩顶尖的理财经理朋友，"优秀的理财经理一定有一些共性，如果只讲一条，你觉得哪个最重要？"我得到的回答是：目标感。我深以为然。业绩的完成不是随机的，而是规划出来的。设立目标，然后倒推工作计划和安排，最后一点一点去完成。这其中既需要有规范化的推进，更需要有快与慢的智慧。

当年，我给新入行的理财经理讲的第一课，就叫作"慢，就是快"。这个理念也成为我一直坚守的做事理念。零售的本质，就是要做长远的规划。我们与一个客户建立长期关系，不是一蹴而就的，一定要经过接触了解，客户才会对我们个人比较认可，对我们产生信任。这不是一朝一夕可以建立的，需要时间的积累，最后从量变到质变。与其一定要以产品销量为结果，不如从一开始就做好陪客户走 3 年，穿越经济周期的准备；与其对每一次面访都要求出单，不如让客户每次见面都能跟你说几个秘密。

有位朋友曾经跟我说，"你讲的那一套太高大上了，按你这么做，大家都不要吃饭了。"我认同，理想确实不能当饭吃，但是不知道所以不去做、知道了但是不去做和知道了但是努力去做，完全不是一个概念。我们的工作到底是原地踏步，还是可以给未来的自己有所传承，很多时候就在一念之间。专业也是一样，知识和经验的积累过程不可替代，但是如何去积累，我们却可以选择。理解"慢，就是快"这个理念并不难，难的是，我们到底是快一点儿追求结果，还是慢一点儿追求积累再去追求更大的结果。现实中的权衡取舍，才是人与人最终千差万别的根本原因。

纵观古今，能慢的人大多能忍。从卧薪尝胆的勾践到躬耕南阳的孔明，他们看起来很有耐心的原因都是懂得"小不忍则乱大谋"。曾国藩的"结硬寨，打呆仗"更是深刻洞悉了打仗的本质。惜小利者，往往只看眼前，图快；图大利者，才能海纳百川。忍不住的人，本质上就是没想明白更大的利益在哪里。只想着抱紧眼前一棵树的人，自然看不到整片森林的价值，也就无法等到鲜花漫山遍野的那一天。纠结于每天涨跌的人，自然没想明白投资到底赚的什么钱，于是只能满足于蝇头小利，而错失经济发展的指数级红利。

所谓"慢，就是快"，核心是对事情本质的深度理解，对理想的坚持和对更大利益的追求。走得慢一些，是因为我们想要的不是一棵树，而是整片森林。

然而这个理念知易行难。道理简单，我们都想慢下来，但是很多时候 KPI 不允许啊。

我想从《头文字 D》的故事说起。不论漫画还是电影，其实《头文字 D》的内核就是一部传统的武侠小说：绝世高手退隐山林，教出一个同样武功高强却不闻世事的儿子。某一年"华山论剑"正酣，此子刚好路过，无意中横扫了各路英雄，随即踏上了江湖之路。如何做到"慢，就是快"，我们就从这个故事开始介绍。

第一，确保自己做的事情正确，且随着时间的推移可以形成复利，同时越早进入复利的轨道越好。

我们常说，要做时间的朋友，这意味着时间要站在我们这一边而不是站在我们的对立面，才能形成正确的助力。否则我们会在错误的道路上加速狂奔，最终南辕北辙。现实情况是，不一定条条大路通罗马，我们得找到正确的路。起点错了，方向不对，速度越快，错得越多。总之，方向正确，相当于复利公式的初始值为正。

《头文字 D》中，在秋名山开车每天送豆腐，就是一条正确的路。况且有父亲藤原文太在，藤原拓海基本上不会跑偏。方向正确，每天开车来回送豆腐就会形成经验，而且熟能生巧，也就越早完成 1 万小时的积累。但是我们普通人也每天开车，为什么就练不成藤原拓海的车技呢？因为我们没有形成复利。藤原拓海是怎么形成复利的呢？主要有两个方面：首先，藤原拓海是在秋名山开车而不是在市区，五连发卡弯、沟渠弯道等有难度的开车环境使藤原拓海得到极大的锻炼，而且父亲还有意识让他越开越快。其次，藤原文太每天都在车里放一杯水，告诉藤原拓海一滴水都不能洒出来。这两点加在一起，长期会产生相当惊人的结果。

同样的一幕也出现在了动漫《七龙珠》里，小悟空和小林跟着龟仙人修行时，他们平时做的都是送牛奶、爬山、徒手耕地、推石头之类的事情，而且身上还背着一个大龟壳。结果参加天下第一武道大会时，竟然发现自己已经可以打进 12 强。

综上，找到正确的事情，然后再用时间去"浇灌"，这个最重要。不要奢求马上就能成为时间的朋友，至少先不要成为时间的敌人。

第二，要保证自己"活着"，为了"活着"可以"曲线救国"，先做一些可以养家糊口的事情。

藤原拓海家的豆腐店，维持生计可以，但是如果想长期支持拓海在赛车这条路上走得更远，肯定是不行的。毕竟换轮胎、修车、改造、汽油等，都是"花钱如流水"的事情。我相信他的父亲肯定知道这一点，所以拓海日常会去加油站打工，贴补家用。这就叫目标明确，因地制宜，实事求是，曲线救国。

同样地，电视剧《亮剑》中李云龙也告诉了我们同样的事情。亮剑精神所体现出来的是勇气，但勇气不代表不动脑。打仗这件事，李云龙一向是粗中有细、精打细算的。攻打赵庄的日军肯定是战略目标，但是装备不足，硬打必然是送死。于是迂回一下，日军主力放一放，先"吃"掉日军运输队或者先攻打隔壁王庄的伪军，武装一个骑兵团，这才是合理的路径。只有有效地保全自己，才能更好地消灭敌人。正确的事要做，但是我们首先要保证活着，才能去做更多有意义的事情。

这个道理很简单，但是现实可能不允许。每天繁忙的工作，压力逼人的KPI，哪还有时间曲线救国？这里分析电影《寒战》的一段情节。在香港廉政公署总部，梁家辉饰演的警务处副处长李文斌对着审讯他的两个年轻人说以下一段台词：我在警队服务30年，学会了一件事，就是每一个机构、每一个部门、每一个岗位都有自己的游戏规则。不管是明是暗，第一步学会它，不过好多人还没有走到这一步就已经失败了，为什么？自以为是。第二步，就是在这个游戏里把线头找出来，学会如何不去犯规，懂得如何在线球里面玩，这样才能勉强保护性命。

找出线头，把整个工作捋顺，分清轻重缓急、先后主次，明白什么该做、什么不该做、什么现在就要做、什么以后做。这个线头需要我们一边做一边思考一边找。找到了就能游刃有余，否则会手忙脚乱，说到底，还是要多动脑。心中有剑，手上却拿着盾，这不是糊涂，而是我们清楚现在用盾的目的是先御敌，最终目的是以后换成剑。

第三，不断形成正反馈，并且要展示正反馈，以确保我们能够继续"活着"，继续积累复利。

正反馈是一种激励，能够让我们在枯燥的坚持中，获得不断前进的信心和力量。量变的过程很漫长，我们要自己给自己"找乐子"，才能等到质变的那一天。比如，设立一个小目标，一点点去完成；一边努力一边"吹嘘"，合理地利用虚荣心来让过程变得有趣。

如果没有正反馈怎么办？那就反过来让自己麻木一些，不要胡思乱想，只要道路正确，做就是了。藤原拓海如果哪天送豆腐的时候突然想，"为什么我要这么辛苦，在家刷剧、睡觉、玩游戏不轻松吗？"如果这样，估计他也无法坚持开车了。为什么成功的人都需要一些钝感力，就是别让自己过于聪明、反应太快、想太多。想法简单一些，自己反而能更好地坚持。

另外，对外展示正反馈同样重要。为什么一直强调正确的路是最重要的？因为这里还有一个问题，我们认为的"正确"即使真的正确，在没有得到结果之前，别人未必认为正确。而如果这个别人是决定你生存空间的人，那么你还有没有时间"活着"积累复利，这个就存疑了。所以我们需要不断地取得正反馈和小胜利，然后把结果和过程组成一个逻辑自洽的闭环，并且把它展示出来。信心不只是来自结果，更来自这个闭环的可复制性。我们可以隐约看到沿着这条路走下去，小小的正反馈会变成大大的正循环，最终带来了空间，空间换来了时间。确保自己不倒在黎明前，就一定能看到黎明。以上三点如果能做到，剩下的就是坚持和一些运气了。

建立个人底层认知逻辑

有一次我受邀参加一个讲座，讲到我们需要探索客户需求背后的逻辑时，有学员提了一个问题：如果你现在分享的经验和内容都是结果，那么你觉得是什么逻辑产生了这样的结果？我说，"你为什么会问这个问题？"那个学员说，"了解你的逻辑，比学习你的结果，长远来看更有价值。"

这个问题对我很有启发。接下来，我想认真剖析一下自己几个底层逻辑以及认知来源。

首先，是一本名为《异类：不一样的成功启示录》（*Outliers: The Story of Success*）的书。这本书特别出名，作者马尔科姆·格拉德威尔（Malcolm Gladwell）是知名的专栏作家，影响力非常大。这本书讲的是如何成功,剖析了影响成功的各种"诡异"的要素,颠覆了大家常说的"成功主要靠勤奋"这个逻辑。出生年份、民族属性、文化、际遇都会极大程度上影响成功。这本书读起来特别有意思,我第一次基本上是一口气读完的,有一种"爱丽丝梦游仙境"的感觉。比如书中写到,比尔·盖茨(Bill Gates)出生于 1955 年,史蒂夫·乔布斯(Steve Jobs)出生于 1955 年,埃里克·施密特(Eric Emerson Schmidt)出生于 1955 年,比尔·乔伊(Bill Joy)出生于 1954 年,保罗·艾伦(Paul Allen)出生于 1953 年,史蒂夫·鲍尔默(Steve Ballmer)出生于 1956 年。也就是说,在科技历史变革的时期,出生早一点,晚一点,都不行。你必须要非常精准地在个人电脑的"黎明"——1975 年左右上大学,这时你要创造力有创造力,要时间有时间。早一点你毕业有工作可能就很难创业了,晚一点你可能还在上高中。类似有趣的分析还有很多,包括 1 万小时理论。当时读这本书只是觉得有趣,知道了很多关于成功的另类故事,理解了成功的要素非常多。当时我觉得这本书最大的价值是治愈焦虑,毕竟努力和勤奋并不一定带来成功,别让自己压力太大。

但是看第二遍的时候,我突然意识到这么理解有点肤浅了。承认客观因素起作用,不是消极,而是更全面地看待问题。换句话说,就像孟母三迁一样,主动改变外部环境,是能够带来积极结果的。古语说得好,"江山易改本性难移",我们可以理解为:人是很难被改变的。《异类:不一样的成功启示录》却告诉了我们另外一个答案,就是外部环境对人的影响巨大。既然如此,我们没必要自己改变自己，因为太难了，我们可以通过改变外部环境来改变自己。成年人的学习是比较难的，我们可以给自己设计一些方法，通过外在的改变和显性的规则，来达到学习和改变自己的目的。这个感觉有点像 NBA 球员在夏季的时候，聘请专业教练针对某个动作进行重点强化。基于以上的认知，后面就有了赞美游戏，有了过度演绎，有了逻辑反推等自我训练的小技巧。总之，我们可以有意识地设计内容来训练自己，通过利用、改变或者设计外部条件，达到目的。

《异类：不一样的成功启示录》对我另外一个作用是对客户理解的升级。既然客观因素对成功的影响很大，那么这就意味着客户的财富积累除内在因素，必然有许多外在因素。于是我想到了年代、行业、际遇等。这些因素为客户带来的财富，也在一定程度上决定了客户对财富的理解和认知，最终构成了客户的需求和风险偏好。这意味着如果要深刻地理解客户需求，就要深入地了解这些背景。于是《激荡三十年》就成了我反复读的书，目的就是要把自己还原成客户，游历一遍在客户当打之年所经历的那个我不曾经历的大时代。

有人说，"你了解这个有什么用，不就是卖个基金卖个保险，至于这么大费周章吗？"不，有用的。知识储备直接决定了我们与客户的沟通方式和效率。有时候聊天的一句话，都会让客户觉得你懂他，进而带来更多的业务机会。举个例子，家族信托近些年越来越火。产品属性和特征很简单，但是营销和沟通大有学问。保障传承都是显性需求，需求背后的需求，则需要我们进一步挖掘。我曾经见过理财经理针对一些年纪较大的企业家客户营销时说，"您这么成功，下一代也开始成熟，现在应该考虑保障和传承了。"这基本上就是我们所说的话术了。事实上，我服务过的很多客户是20世纪80年代的那一批大学生，堪称"天之骄子"。你看一下他们的成长环境就会明白，如果到了现在他们还在工作，那么他们内心最焦灼的，其实是壮志未酬。时代的巨变在他们身上形成了成熟的经验，时间的推移让他们对这个世界的理解更加通透，但是有时候思想到了，身体开始跟不上了。传承保障更多应该是解决他们的后顾之忧，让他们可以更好地把有限的时间投入他们的理想和事业。从这个角度沟通，才是同维的或者说同频的。总之，财富跟人相关，人跟外部环境相关。有时候我们未必能读懂人，但是我们可以通过读懂环境，然后读懂人。

思维训练方面，《博弈论》（Game Theory）和《金字塔原理》（The Minto Pyramid Principle）给我启发比较大，这两本书的内容一定程度上是相通的。学习博弈论是一个非常有趣的过程，对于我们实际生活和工作而言，它的作用在于迫使你在做任何决定的时候，尽可能多想几步，考虑多种可能性，然后在这些可能性里面寻找一个最优解。博弈论，说起来也没那么复杂，只是动脑本身是一件很累的事情，更多的人习惯于"干就完了，想那么多干吗"，这其实是一种偷懒。而博弈论相当于一个工作法则，它能够训练我们养成多想几步和换位思考的习惯。换位思考在我们与客户沟通的过程中非常重要。我参加过许多培训，老师们告诉我要换位思考，因为它很重要，却没有告诉我怎么换位思考。

学会尊重客户是换位思考比较好的开始，但是后续该怎么做，如何培养换位思考的习惯，没人教过我。直到我学习博弈论，才发现这就是换位思考。我们要了解对方的想法，了解对方的反应，然后给出最优的反馈，或者叫作"我预判了你的预判"。

通过对"纳什均衡"的学习，可以让我们深刻地理解，在既定的规则之下趋利的个体寻求最优解很容易产生"囚徒困境"，最终导致双输的结果。博弈论给出了非常多解决这个问题的方法，包括信号、承诺、激励等。同时困境的产生是基于特定的条件，那么改变条件，也会直接改变结果。这一点和《异类：不一样的成功启示录》有着异曲同工之妙。

为什么要学习博弈论？一言以蔽之，它可以让我们变聪明。学习博弈论，我还推荐《妙趣横生博弈论：事业与人生的成功之道》(*The Art of Strategy*：*A Game Theorist's Guide to Success in Business and Life*)，内容专业扎实，又通俗易懂。

在寻求解决方案的过程中，金字塔原理是重要的工具。此处不再赘述，但是我可以提供自我训练的好方法，就是把书做成PPT。

PPT本质上是提炼的艺术，我们需要把我们想要表达的东西用可视化的方式呈现出来，必然要经历一个从归纳到提炼的过程。而这个过程可以用到金字塔结构。因此，多做PPT是一个很好的学习过程。当我们学习了某些新的知识，想梳理记录下来，思维导图是最简便的，但是这些材料如果以PPT的形式固化，以后在工作中还可以随时用到，何乐而不为？于是，把一本书、一个章节、一个知识点做成 PPT，把学习的思维过程用金字塔原理加以体系化、图形化，这个过程相当于人脑工作的外化，极大地加速了学习的过程。这也是我过去最常用的学习方法。我自己的许多 PPT，都不是临时抱佛脚做的。以前是每年春节做几张 PPT，总结一下过去一年的收获。到最后，"PPT = 思考"，也就慢慢不再做 PPT 了。因为很多问题的思考和答案，已经以金字塔的形态装在脑子里，需要讲课或者路演的时候，再做也来得及。

最后一个对我帮助比较大的是谈判学。当年读金融 MBA 的时候系统性地了解了谈判学的基本理论和应用，包括 BATNA（Best Alternative to a Negotiated Agreement，中文为谈判协议的最佳替代方案）思维，以及锚定、模仿、引导等谈判技巧。我现在还保留着教授送给我们的小卡片，上面总结了谈判的 7 个基本原则。

1. 满足愿望下的深层需求。
2. 知道并善于利用自己的相对实力。
3. 从有利的角度确立并表达自己的立场。
4. 设定较高但是合理的目标。
5. 制定留有让步的余地和选择空间的战略。
6. 巧妙地管理信息。
7. 管理人际关系。

后来做模拟谈判的案例时，我惊讶地发现，这个训练其实正是我们日常所缺乏的面对高净值客户的沟通技巧。我豁然开朗。

为什么给私行理财经理的培训公认是最难安排的？为什么开放式提问和封闭式提问之类的培训，总让人觉得隔靴搔痒？因为跟需求脱节了。

以营销培训为例，过去我们把财富管理简单地看成金融产品销售，而又把金融产品销售等同于传统实物产品销售。而在我们与高净值客户沟通的过程中，从头到尾都没有实物出现，更多是预期达成一致的过程。本质上，这不是销售，而是谈判。这种说法似乎使氛围骤然紧张，其实不然。谈判也分优势谈判和劣势谈判，也分合作谈判和竞争谈判，核心目标都是在一定的时间内，利用有限有效的信息，达成一致结果。真实谈判的压力是超过我们日常谈客户的。如果我们能够用谈判的高度来看待我们与客户之间的沟通并加以学习和应用，那就相当于用对谈判专家的要求来武装自己，我觉得这才能在日常工作中游刃有余。

这里举一个简单的例子供大家参考。电视剧《雍正王朝》有一幕非常精彩的极限谈判。畅春园康熙驾崩，刀光剑影之后，雍亲王顺利即位成为雍正皇帝。安排妥当后，雍正并未在宫中久留而是回到了雍王府，目的只有一个，就是杀掉之前对其夺嫡贡献最大、一直安居潜邸辅佐雍正十几年的谋士邬先生。事成之前邬先生是雍正最信任的军师，事成之后一夜之间就变成其最大的隐患。对邬先生而言，这就是一场谈判，谈成了活下来，没谈成当天晚上就是死期。

两个人一见面，邬先生立刻行大礼，不再叫四爷，而是：

"皇上!"

雍正故作往常说:"你还是你,我还是我,不要做这生分模样。你的名分容朕慢慢安排。"此时,雍正看着邬先生的眼神已经透出杀意。

邬先生说:"皇上误解臣的意思了。臣根本就不是为官之人。臣有三不可用。臣是个残疾之人,历朝历代哪有瘸子居于庙堂之上的?倘若皇上起用了臣,虽至公也不公,虽无私也有私,岂不有伤圣德?此其一。臣原是先帝朝的犯罪之人,如今皇上克成大统,就起用先朝钦犯,到底是先帝当年抓臣抓错了还是皇上如今用臣用错了?此其二。"

就谈判而言,所有的信息搜集和应对之策,都应该在谈之前捋清楚,准备好,一开始谈就得句句切中要害。邬先生当然知道雍正担心什么,为什么要杀他:第一,辅佐对了人,恃功骄主,欲望膨胀,尾大不掉,就像后期的年羹尧。就像刚才雍正说,"你的名分容朕慢慢安排。"邬先生这时如果回复说,"好的,多谢",那基本上雍正就要手起刀落了。第二,知道得太多,尤其是还有很多见不得人的事儿。第三,屡屡押中康熙的意图,破解帝王心术,能力之强令人生忧。这要是调转枪口或者帮别人,确实让人非常忌惮。

于是邬先生一上来就自我贬低,而且"降温"降得非常有技巧:并没说不想做官,这种属于自证清白没人信,而是说先天不足,做不了。这种顺人性逻辑才更容易说服人。

接下来邬先生说出了最打动人的第三点:"臣虽然小有才气,

确是阴谋诡计，皇上行的是光明正大之道，用的自然是光明正大之臣。臣在潜邸十多年了，蒙皇上言听计从，纵然有些才智，也早已用尽耗光了。如同已经熬干的药渣，何堪再用啊！"

邬先生的这"三不可用"，处处在理，也处处从雍正的利益出发，一定程度缓解了雍正的担心，降低雍正的杀意。

谈判到这里，雍正接受了邬先生急流勇退的想法，原本的杀心也在"三不可用"的说服之下开始动摇。不过，虽然你的"不要"让人安心，但是你的存在还是让人不放心。

前文说过，我们要让客户多说话，因为只要你动脑，就能看到客户的每句话透露的心理。

雍正说："看来，你比我幸运啊！大隐隐于朝，中隐隐于市，小隐隐于野，先生想怎么隐？"这话里就透露着犹豫。不犹豫说这么多干吗，直接杀就是了。但这个问题不好回答，雍正自己也没想好。隐于朝，你自己说了不可用；隐于市，你帮别人或者乱说话怎么办？隐于野，相当于彻底断了联系，那不是更让人寝食难安？

这个时候要给皇上方案，而不是让皇上做决策，因为皇上想不明白的时候，最容易做的决策就是杀掉，这个最简单。

邬先生说："臣想半隐。"

雍正听完一愣，完全没想到这个方案，然后被降维打击了。

邬先生说："第一，臣孑然一身，身无分文，倘若全隐必然饿死。第二，臣和皇上君臣十几年，一朝离别，皇上一定会想念臣的，臣也一定会想念皇上。臣若全隐，万一皇上想念起臣来却

第 7 章　理财经理如何保持精进　　171

找不到臣，臣心何安啊！因此，臣想找一个既能吃饭，又能让皇上找到臣的地方，半隐起来。既使臣在有生之年有所依靠，又全了我们君臣这段恩遇。"说完，邬先生几乎是哭求地喊了一声："皇上！"

话说到这，大家都心照不宣了。话中留白，彼此留个面子。所谓"半隐"就是找个既能方便你监视，又能远离庙堂的地方，比如去给雍正的心腹重臣李卫当幕僚。

从谈判学的角度来说，邬先生和雍正是一场不对等的劣势谈判，要做的是放大唯一的优势——与雍正十几年的感情，在这个基础上，激发雍正的恻隐之心。最后，达成一致：不杀。

这样的场景，很像我们的大客户准备转走 1 亿元到别的银行去。要怎么做，具体问题得具体分析。但是从认知上，谈判学此时比销售技巧要有用得多。

以上就是形成本书一些结论的认知基础。我同本书的读者一样，也依然在学习，在成长。我相信这样透明的逻辑闭环，对大家更有帮助。

给理财经理的 50 条经验

以下汇总了许多资深理财经理日常工作中一些零散的经验。虽然有些话听起来特别像领导的训话，但很多时候，顿悟往往就在一瞬间，一两句精炼的话足够了。醍醐灌顶不一定需要长篇大论，只字片语已经足够画龙点睛。大家可以对照下面的话，复盘一下自己在工作中遇到的问题，希望能够有所启发。

工作流程类

1. 中收做不出来，问题不一定在技能和专业，可能是客群跟不上了。
2. 过程做得好不一定有好结果，但结果做得好一定有好过程。
3. 你可以表演过程，但结果不会陪你演戏。
4. 凡是要做给领导看的，最后只会徒增自己的负担。
5. 没有数据支持的客观困难，大部分是借口。
6. 老龄客户多？还是你只能见到老龄客户？
7. 有多少名单计划无疾而终，有多少承诺的事不了了之？
8. 去一趟菜市场就把所有需要的菜都买回来，见一次客户就把该提供的服务都做到位。
9. 只有存款的客户是留不住的，至少还得有净值型理财。
10. 结果看上去都不好，但每个人掉链子的地方都不一样。
11. 时间不够用？是不是你打电话拨号前的"内心戏"太多了？
12. 忍住每半个小时看一次手机，一天的时间就神奇地变多了！
13. 随机联系你的客户，不妨再顺势主动约一下。
14. 销售工具和系统你最擅长哪几样？还有没有可能再练几样？
15. 这么多年过去了，你掌握了哪些经营客户的分类和规律？
16. 不拒绝随机客户，就是对邀约客户的不负责，更是工作没计划的表现。

经营认知类

17. 做好财富管理最重要的因素是你要喜欢它。
18. 你不可能搞定所有客户。
19. 你不应该只守着"舒适区"内的客户。
20. 客户经营的终点不是把产品卖出去,而是客户把钱都转进来,把朋友都介绍过来。
21. 要知道,有很多服务比你好、颜值比你高、资源比你丰富的人,比你更专业,你还有什么理由恃才傲物、不先做好服务呢?
22. 卖工艺不如卖功能,卖功能不如卖方案,卖方案不如卖品牌,卖品牌不如卖人品。
23. 所谓人品,至少是:承诺你能做到的,做好你承诺的。
24. 人们愿意为了名医不远千里,不是因为他的药便宜或给病人送礼,而是医术高明、药到病除。药是平台的,医术是自己的。
25. 你是怎样,你的客户就怎样,你天天谈收益,你的客户便天天比收益。
26. 如果你觉得跟客户很熟,也许客户跟其他银行的理财经理更熟。
27. 收益率只是手段,不是目的。
28. 不能只用收益去衡量金融工具的好坏,就像不能只用速度来评判所有交通工具的优劣。

29. 向客户提出一个好问题，比给客户一百个答案更重要。

30. 用自己的标准去推断客户，就像领导不问缘由批评你一样。

31. 最怕明明为客户配置了合适的产品，客户还觉得是在帮你冲业绩。

32. 所谓售后服务，无非是持续主动地陪伴、安抚、鼓励和建议。

33. 基金亏了，客户害怕，你害怕，你的同行也害怕，但客户总需要抓一根"稻草"。

34. 竞争很激烈，你不跟客户做生意，客户就跟别人做生意。

35. 你觉得投诉很委屈也没什么用，不如想想能学到什么。

业务营销类

36. 客户不好约？想一想你有什么值得客户来一趟，再想一想你会怎样约你喜欢的人。

37. 一个月健身30天效果好过10年健身40天，短期内提高联系频率可快速建立客户关系。

38. 在你这儿只有长期固定收益产品的客户，行外资金至少还有1倍。

39. 持有长期固定收益产品的客户，至少提前半年开始联系。

40. 当你连续说话超过2分钟时，停一停，观察一下你听众的反应。

41. 有时候客户不买单不是你不专业，而是你今天讲了很多道理，但没能讲一个好故事。

42. 有时候客户不买单是你建议的金额太小，无关痛痒，客户瞧不上。

43. 医生开药，不同病人用不同剂量，你建议产品的金额也要有依据。

44. 买了基金都有可能亏，宁可亏在你这儿，也不能亏在可能不如你专业的同行手里。

45. 客户说考虑一下，就像女朋友说我没事，需要持续地关心和问候。

46. 自尊的客户追着他，没主见的客户推一把，犹豫的客户欲擒故纵。

47. 买保险，会上瘾。

48. 想一想，为什么客户不能长期投资，却能长期被套。

49. 我们买菜都知道讨价还价，你为什么上来就要亮出底牌？

50. 自己整理的工具，比总分行给的更好用。